나무가 고요하고자 하나 바람이 멎지 아니하고

고전의 향기 *004*

나무가 고요하고자 하나 바람이 멎지 아니하고

≪韓詩外傳·上≫ [上 下]

첫판 1쇄 찍은날 2003년 2월 17일
첫판 1쇄 펴낸날 2003년 2월 25일

옮긴이 임 동 석
펴낸이 정 길 생
펴낸곳 **건국대학교출판부**

　　　　주 소: 143-701, 서울시 광진구 화양동 1번지
　　　　전 화: (02)450-3891~3
　　　　팩 스: (02)457-7202
　　　　등 록: 제 4-3 호(1971. 6. 21)
　　　　홈페이지: www.konkuk.ac.kr/~press
　　　　e-mail: press@www.konkuk.ac.kr

책임편집 이지은

찍은 곳 동화인쇄공사

정　가 9,000원

ⓒ 임동석, 2003

* 글쓴이와 협의하여 인지 첨부를 생략합니다.
* 잘못된 책은 바꾸어 드립니다.

ISBN 89-7107-334-9 04820
ISBN 89-7107-330-6 (세트)

고전의 향기 *004*

나무가 고요하고자 하나 바람이 멎지 아니하고
≪韓詩外傳·上≫

임동석 옮김

건국대학교 출판부

책 머리에

≪한시외전≫은 우리나라에서도 고려시대에 이미 간행되어 상당히 널리 읽혔던 고전이다. 즉 원元 지정至正 10년(1350년) 심변지沈辨之[野竹齋, 吳郡 사람]의 서문이 있는 책을 번역한 것인데, 이에 대하여 청淸대 엽창치葉昌熾는 "<경적방고지>라는 책에 ≪한시외전≫은 내 생각으로는 고려에서 심씨 본을 번각한 것이다(經籍訪古志 : 韓詩外傳, 昌熾案 : 高麗翻沈本也)"고 고증하였다. 이것이 일본으로 건너가 <경적방고지>에 저록되었고, 다시 중국으로 유입, 유명한 <한위총서본漢魏叢書本>의 ≪한시외전≫은 바로 이 고려 간본을 근거로 교정한 것이니 우리로서는 실로 6, 7백 년 후에 다시 읽어본다는 감회는 새롭다 못해 조상에게 진 빚을 조금이나마 갚는다는 사명감도 없지 않다. 그러나 우리나라 현재 판본으로는 국립도서관 소장의 ≪한시외전≫ 사본이 있을 뿐이다.(국립도서관 漢 : 韓嬰撰, 寫本. 58장, 의산 古1233-46)

그런가 하면 ≪고려사≫에는 1091년(고려 선종 8년, 송 철종 원우元祐 6년)에 이자의李資義 등이 송나라 사신으로 갔다가 귀국하여 송 철종의 요구에 의해 고려 소장의 많은 양의 서적을 보내도록 요구한 기록이 실려 있다.

여기에서도 역시 '≪韓詩≫二十二卷'의 목록이 보인다. 이는

《신당서新唐書》 예문지藝文志에 저록된 "《한시》는 복상의 서문이 있고 한영이 주를 단 것으로 22권이며, 다시 《외전》 10권이 있다(韓詩, 卜商序, 韓嬰注, 二十二卷, 又外傳十卷)"의 《한시韓詩》(本傳 혹은 內傳)가 아닌가 한다. 좌우간 송나라에서는 이를 바탕으로 자신들의 책을 고려로부터 재수집하여 이를 교정, 부사副寫하여 태청루太淸樓와 천장각天章閣에 보관하였다고 하니 고려시대의 출판문화와 서적의 풍부함을 짐작하고도 남음이 있다.

"나무가 고요하고자 하나 바람이 멎지 아니하고, 자식이 봉양하고자 하나 어버이가 기다려주지 않는다(樹欲靜而風不止, 子欲養而親不待)"라는 구절 하나쯤은 누구나 기억하고 있을 것이다. 이러한 멋진 구절은 우리의 정서를 순화시키고, 윤리와 효성에 보탬이 되도록 늘 나에게 존재 이유를 알려주고 있으니 얼마나 고마운 일인가! 이 구절은 바로 여기 《한시외전》 권9, 권1, 권7에 실려 있는 증자曾參와 고어皐魚의 효성을 기록한 것이다. 그렇다면 어버이를 어떻게 모셔야 하겠는가? "짐은 무겁고 갈 길이 먼 자는 땅을 가리지 않고 쉬는 법이요, 어버이는 늙고 집이 가난한 자는 관직을 가리지 않고 벼슬하는 법(任重途遠者, 不擇地而息; 家貧親老者, 不擇官而仕)"인 것이다. 이런 해결책까지 설명되어 있다. 그리고 이런 상황에 맞는 《시경詩經》의 구절을 찾아 "세상이 불꽃같이 험악하여도, 어버이 계시니 어쩔 수 없네(雖則如燬, 父母孔邇)"라 하여 세상에 어버이가 먼저임을 깨우치고 있다.

세상의 그릇된 명분에 치우쳐 제 목숨까지 버리는 자의 예를 들고는 "깊으면 옷 입은 채 건너면 되고, 얕으면 옷 걷고 건너면 되지"라 하였고, 딸을 시집보내는 집안의 근심함을 들어 그 딸의 장래를 비는 이야기는 "어머니는 옷고름 매어 주시며 아흔 가지 법도를 일러주셨네"라 한 것 등이다. 그리고 "천자는 많고 적음을 화제로 삼지 아니하고, 제후는 이익과 손해에 대하여 말하지 아니하며, 선비는 재물을 위해 지식을 쓰지 아니하고, 귀족집안은 이익을 보겠다고 서민이 해야 할 일을 빼앗지 아니하고, 대부는 텃밭조차도 일구지 아니하여, 누구에게나 일거리가 있게 하고, 누구에게나 그에 맞는 소득이 있도록 해야 한다"고 하면서 "저기에 두어둔 곡식단 있고, 여기엔 줍지 않은 벼이삭 있네. 이것은 불쌍한 과부 몫일세"라고 ≪시경≫의 구절을 제시, 오늘날의 의미로 사회 분배의 정의까지 이미 언급하고 있다.

그 외에도 '백아절현伯牙絕絃', '남상濫觴', '당랑거철螳螂拒轍', '능지陵遲' 등 헤아릴 수 없는 많은 고사와 성어를 풍부히 담고 있어 옛사람의 지혜를 얻기에 큰 연못의 역할을 충분히 해내고 있다. 고전의 가치란 바로 이처럼 어느 시대, 어느 상황에도 감별의 척도가 되며 되비침의 거울이 된다는 데에 있는 것이다. 물질을 다루되 정신이 깃들지 않는 것은 가치가 없다는 점을 영원을 두고 일러주고 있으며, 내일을 알고자 하면 어제를 보면 된다고 웅변하고 있다.

2003년 正月 元旦에 茁浦 林東錫이 負郭齋에서 고쳐 적음

차 례

■ 책머리에 5

하나_ **나무가 고요하고자 하나** 15

    나무가 고요하고자 하나 바람이 멎지 않고 16
    마른 물고기가 새끼줄을 물고 있으니 19
    가면 다시 오지 못하는 것은 어버이라네 20
    명분을 바로 세워야 22
    참 잘했어요 24
    우리 선생님의 이름을 마구 부르다니 26
    기어가서라도 구하리라 28
    아가씨들, 사내 좋다고 빠지지 마소 29
    말하는 요령 30
    모두가 물에 빠져 허우적거리네 31
    오직 학문뿐이로다 32
    하늘이 자리를 정해 주시니 33
    승리했는데 어찌 근심 띤 얼굴입니까? 35

세 번이나 변할 수 있었던 것은 38
지혜로운 자는 장수합니까? 40
지혜로운 자는 물을 좋아한다 42
너는 노래를 불러라 44
어진 자는 산을 좋아한다 46
깊은 숲 속의 난초 47
무너진 성문을 수리하는 무리들 51
아들이 죽있는데 울지 않는 어머니 53
선비 등용법 55
평생 지니고 살아갈 세 마디 말 57
아버지의 매를 맞는 태도 58
짐은 무겁고 갈 길은 멀다 60

두울_ 다욕보다 큰 죄는 없다 63

궁해지면 누추해진다 64
만물의 흐름을 따라가되 66
임금은 백성의 부모가 되기에 67
그릇을 엎어놓은 듯 안전한 것 69
마음을 비우고 70
훌륭한 말일수록 어눌한 법 71
송곳 꽂을 땅 하나 없어도 73
세상에는 사랑하지 않을 것이 없다 75
엎드린 바위를 범인 줄 알고 쏘았더니 77
아내가 보이지 않으니 흉하도다 79
임금이 대신 재앙을 받네 81

세엣_ 참새가 어린 봉황을 비웃지만 83

약한 뿌리라고 뽑히는 것은 아니다 84
북두칠성으론 국을 떠먹을 수 없다 86
말솜씨가 너무 뛰어나면 남이 겁낸다 87
봉황이 어리다고 참새가 비웃지만 88
성이 너무 가파르면 허물어진다 89
배워야 그 부족함을 안다 91
독약도 오래 먹으면 죽지 않는다 93
누에고치는 실을 뽑기 위한 것이지만 95
하늘이 저토록 높기 때문에 96
쪽풀에는 쪽색이 들어 있다 99
도의 은택이 맑은 생명에게 흘러 101
변론에도 급수가 있다 104
세 종류의 위엄 106
헐렁한 옷에 넓은 띠를 두르고 109

네엣_ 공자와 그 제자들 113

배움이 즐거워 혈색이 좋아졌습니다 114
땔나무 하러 갔던 두 제자 116
너는 시에서 무엇을 배웠느냐? 119
술잔에 넘칠 정도의 물 121
가난을 부유함으로 여기려면 123
훌륭한 신하의 조건 124
아래에 처한 자의 도리 125

관 뚜껑을 닫아야 그치는 것이란다 127
선생님의 거문고 소리가 탐랑사벽하다 130
좋은 옥은 열 길 흙으로 덮는다 해도 132
어떠한 논쟁에도 화를 내면 진 것이다 134
좌우명의 고사 136
상갓집 개처럼 생겼더라 138
두려워할 어버이와 모실 임금이 있다면 141
그 어떤 성인도 스승이 있었다 143
자산이 죽자 천하가 통곡하다 145
흙 한줌 보탠다고 태산이 높아지겠습니까? 148
너희들의 꿈을 말해 보려무나 150
각각 품은 뜻을 평가해 주마 153
잃어버린 비녀를 잊지 못하는 마음 155
직접 보지도 않고 칭찬부터 156
군자는 백성의 어버이로다 158
거문고만 타면서 정치는 몰라도 160
수레를 비스듬히 맞대어 세워놓고 162
천자도 그를 신하로 삼을 수 없었다 164
선생님께 여쭈어보자 166
저 말은 곧 고꾸라질 것입니다 168
그대 머리를 그냥 둘 것 같으냐? 171
한 길의 담장은 넘지 못하지만 176
아들이 아버지를 숨겨주는 의는 180
배워야 군자가 됩니다 181

다섯_ 왕 노릇하기 쉽지 않다 185

비록 공경대부의 자손일지라도 186
다스리는 자리를 즐거움으로 삼지 말라 188
어진 자를 쓰지 않으면 망하고 만다 190
짐의 정치가 거기까지 미치지 못한 것인가? 193
누구나 성실한 쪽으로 돌아서네 195
쟁간하는 신하가 일곱만 있어도 197
나라의 한 귀퉁이를 떼어 뇌물로 주어도 200
체형은 없고 상형만 있었다 202
왕으로서 지녀야 할 덕목 204
임금의 열두 가지 병 206
비바람도 매서움이 없게 되리라 208
날마다 이치에 거꾸로 나가면서 210
여럿이 보는 것이 훨씬 더 밝다 212
그림자나 메아리가 응해 오듯이 213
삼공이란 무엇인가 215
임금의 밥상에 반찬이 두 가지뿐 217
사방에 그 은택 젖게 하소서 218
가뭄 끝에 단비가 내리면 220
기우제를 지내면 비가 오는가? 221
학교를 세워 교육을 베풀고 223
정전법의 이치 224
시집 못간 노처녀가 없었으며 226

여섯_ 순임금은 동이 사람이다 229

시대와 장소는 달라도 230
혼자서 천하의 일을 다 아울러 듣고 231
정치 때문에 죄를 짓는 일이란 없었다 233
주지육림酒池肉林 235
뒷걸음질치면서 앞사람을 따라잡겠다니 237
서울이 형체를 비추어보듯이 239
하늘에는 해가 하나, 땅에는 내가 하나 241
피리를 불며 목동 사이에 섞여 243
포락지형炮烙之刑 245
바보로 변하지 않는 현자가 없네 246
살기 싫어서도, 죽고 싶어서도 아니다 247
태왕의 세 아들 249
문왕이 병들어 눕자 천하에 지진이 252
천자의 명령에 측근조차 거부하니 254
상나라 무너지는 날 255
감당나무 자르지 마소 257
후세에 신하가 그 임금을 죽이리라 259
급히 말하면 포악해진다 261
성인이 계시기에 비바람조차 순조롭다 263
참된 병법이란? 265
악창을 앓는 자가 임금을 더 불쌍히 여긴다 269
새로이 목욕한 자 273

■ 해제 275

일러두기

1. 이 책은 굴수원屈守元의 ≪한시외전전소韓詩外傳箋疏≫(巴蜀書社, 1996년, 成都)와 ≪한시외전금주금역韓詩外傳今註今譯≫(賴炎元, 臺灣商務印書館, 1972, 臺北) 및 본인의 ≪한시외전≫ 역주본譯註本(예문서원)을 참고하여 현대인이 알기 쉽도록 재편집하여 엮은 것이다.
2. 번역문만을 가려 뽑아 장의 순서는 바꾸었으며, 흥미 있고 알기 쉬운 것부터 앞으로 하여 대강의 분량을 나누어 상하권으로 구성하였다.
3. 원문에 대한 세세한 학문적 역주는 생략하고, 문장도 직역이 아닌 평역(의역)으로 하여 일반인들이 고전에 대하여 쉽게 접근할 수 있도록 하였다.
4. 한자는 인명, 지명, 고유명사 등과 의미 전달을 위하여 반드시 필요한 경우에만 병기하였는데, 음이 같을 때는 한글 옆에 한자를 붙여서 썼고, 음은 다르지만 뜻을 드러낼 때는 [ ] 속에 넣었다.
5. 매 장마다 편자가 제목을 붙였으며, 끝에 출처의 해당 권을 밝혀 원문을 찾아볼 수 있도록 근거를 마련하였다.

하나_

나무가 고요하고자 하나

나무가 고요하고자 하나 바람이 멎지 않고

 공자孔子가 길을 가다가 어떤 사람이 몹시 슬피 우는 소리를 듣고는 수레를 재촉하였다.
 "빨리 몰아라. 빨리 몰아라. 저 앞에 어진 이가 있다."
 다가가 보니 고어皐魚라는 사람이었는데 그는 거친 옷에 낫을 들고 길가에서 울고 있었다. 공자가 다가가 말을 걸었다.
 "그대는 상喪을 당한 것도 아닌데 어찌 그리 슬피 울고 있소?"
 "나는 세 가지를 잃었소. 젊어서는 열심히 배워 제후를 찾아다닌답시고 어버이를 뒤로하였소. 이것이 첫 번째 잃은 것입니다. 다음으로 내 뜻이 높다고 여겨 임금을 섬기는 일을 게을리 하였소. 이것이 두 번째 잃은 것이외다. 그리고 친구와 두터이 지내다가 그만 중간에 절교하고 말았소. 이것이 세 번째 잃은 것입니다.

나무가 고요하고자 하나 바람이 멎지 아니하고, 자식이 어버이를 봉양하고자 하나 어버이가 기다려주지 않는다고 하였소. 한번 가면 따라갈 수 없는 것이 세월이요, 떠나면 더 이상 볼 수 없는 것이 어버이라오. 그래서 내 지금 세상을 사별하려는 것이오."

그리고는 선 채로 말라죽었다. 공자가 이렇게 말하였다.

"제자여! 경계할지어다. 기록해 둘 만한 일이로다."

그리하여 공자의 제자 중에서 어버이를 모시겠다고 되돌아간 자가 열세 명이나 되었다.

자로子路가 공자에게 물었다.

"어떤 사람이 새벽부터 밤늦게까지 수족이 다 부르트고 얼굴이 새까맣게 타도록 밭을 일궈 어버이를 봉양하건만 효자라는 이름을 듣지 못하고 있다면 이는 무슨 이유입니까?"

"내 생각으로는 아직 공경을 실천하지 못하였거나, 얼굴빛이 순하지 않거나, 또는 말이 겸손치 못하거나 해서 그런 것은 아닐는지. 옛 사람들이 이렇게 말하였지. '옷이냐? 먹는 것이냐? 그것만으로는 다한 것이 아닐세.' 자식으로서 어버이를 열심히 받들면서 위에 말한 세 가지 잘못이 없다면 어찌 효자란 이름을 듣지 못하겠느냐? 혹시 그가 사귀는 친구가 어질지 못해 그런지도 모르겠다.

앉아라! 내 너에게 말해주마. 비록 나라를 들어올릴 힘을 가진 장사라 할지라도 스스로 자기를 들어올릴 수는 없다. 힘이 모자라서가 아니라 잡고 힘쓸 데가 없기 때문이다. 그래서 군자는 집에서는 효를 돈독히 하고 나가서는 어진 친구를 사귀는 것이다. 그렇게만 하면 어찌 효자로서 그 이름이 드러나지 않겠느냐?"

시詩에는 이렇게 말하였다.

> 부모님부터 가까이 모셔라. [卷九]

마른 물고기가 새끼줄을 물고 있으니

 마른 물고기가 새끼줄을 물고 있으니 이 어찌 썩지 않으리오! 어버이의 춘추는 마치 좁은 틈 사이를 지나가는 바람처럼 빠르도다.

 나무가 무성하고자 하나 서리와 이슬이 그냥 두지 아니하고, 어진 선비가 이름을 이룬 다음 어버이를 모시고자 하나 어버이가 기다리지 않도다. 집이 가난하고 연로한 어버이를 모신 자는 관직을 가리지 아니하고 벼슬하는 법이다.

 시詩에는 이렇게 말하였다.

> 비록 세상이 불꽃같이 험악해도
> 부모님 계시니 어쩔 수 없네. [卷一]

가면 다시 오지 못하는 것은 어버이라네

증자曾子[曾參]가 이렇게 말하였다.

"한번 가면 다시 오지 못하는 것은 어버이요, 왔다고 해도 더 보탤 수 없는 것이 세월이로다. 이 때문에 효자가 어버이를 봉양코자 하나 어버이가 기다려 주지 않고, 나무가 곧고자 하나 시절이 그를 곧게 자라도록 내버려두지를 않는구나.

이 때문에 어버이 묘에 소를 잡아 제사를 올리는 것은 어버이가 살아계실 때 닭이나 돼지를 잡아드린 것만 못하다. 그래서 내 일찍이 제齊나라에 벼슬하여 관리가 되었을 때, 이 종부鍾釜[곡식을 셈하는 단위]의 작은 봉록에 불과하였지만 오히려 즐겁고 기뻤던 것은 부모님을 즐겁게 해드릴 수 있었기 때문이다. 그런데 이미 돌아가신 후에 내가 남쪽 초楚나라에 가서 높은 관직을 얻어 아홉 길이나 되는 높은 집에 서까래가 세 겹이었고 수레가 백 승이나 되었건만 오히려 북쪽 고향을 향해 울었던 것은 내 관직이 낮아서가 아니라 이런 영화가 어버이에게 미치지 못함을 슬퍼해서였다.

그래서 늙은 어버이를 모시면서 집이 가난한 자는 관직을 가리지 않고 벼슬하는 법이다. 만약 자신의 뜻만을 펴기 위해 어버이를 곤궁하게 두는 자가 있다면 이는 효자라 할 수 없다."

시詩에는 이렇게 말하였다.

> 어찌하여 어머니로 하여금
> 밥 짓게 하느뇨. [卷七]

명분을 바로 세워야

공자孔子가 계손季孫을 모시고 있는데, 계손의 집사가 와서 이렇게 알렸다.

"임금께서 말을 빌려달라고 사람을 보냈는데, 빌려주어도 될까요?"

이에 공자가 나서서 이렇게 말하였다.

"내가 듣건대 임금이 신하에게 무엇을 요구할 때는 취取한다고 하였소. 빌린다[假]는 말은 당치 않소."

계손이 깨닫고 집사에게 이렇게 일렀다.

"지금부터는 임금께서 무엇을 요구하면 취한다고 하시오. 빌린다고는 하지 마시오."

공자가 이렇게 말하였다.

"가마지언假馬之言[말을 빌려 탄다는 표현]을 바로 잡아야 군신 사이의 의義가 정해지는 것입니다."

논어論語에 "반드시라면 명분부터 바르게 해놓겠다"고

하였고, 시詩에

> 군자는 말을 쉽게 해서는 안 되리라

고 하였으니, 이는 이름이 바로 세워져야 한다는 의미이다.
[卷五]

참 잘했어요

 공자孔子가 사양자師襄子에게 금琴[거문고의 일종]을 배우는데 진도가 느렸다. 그러나 사양자는 칭찬의 말을 아끼지 않았다.
 "선생께서는 가히 많이 발전하였다고 할 수 있습니다."
 그러자 공자가 겸양하게 말하였다.
 "저 구丘는 이미 그 곡이 무엇인지는 알았으나 그것을 익히는 법을 터득하지 못하였습니다."
 얼마의 시간이 흐른 후 사양자가 공자에게 말하였다.
 "선생께서는 가히 많이 터득하였다고 할 수 있습니다."
 "저는 이미 익히는 방법은 알았으나 그 속뜻이 무엇인지를 깨닫지 못하였습니다."
 또 얼마의 시간이 흐른 후 사양자가 공자에게 말하였다.
 "선생께서는 가히 알아내셨다고 할 수 있습니다."
 "이제 이 음악을 지은 사람은 알아내었는데 어떤 유類의

사람인지는 아직 모르겠습니다."

그리고는 말을 이었다.

"아득히 멀리 보임이여! 넓고 넓도다. 엄숙하도다. 이로써 보면 이 음악을 지은 사람은 침묵으로 생각이 깊고 남을 불쌍히 여겨 슬퍼할 줄 알며, 천하의 왕이 되어 제후들의 조견을 받는 사람입니다. 그렇다면 오직 문왕文王 외에 더 있겠습니까?"

이 말에 사양자는 자리를 낮추고 감탄하며 말하였다.

"훌륭하십니다. 제가 바로 문왕지조文王之操라는 음악을 가르쳐드리고 있었던 것입니다."

이렇게 공자는 문왕지조를 가지고 문왕의 사람됨을 알았던 것이다. 사양자가 공자에게 다시 물었다.

"감히 묻건대 그것이 문왕지조의 음악인 줄 어떻게 아셨습니까?"

"무릇 어진 이는 위엄 있기를 좋아하고, 화和한 자는 꾸미기를 좋아하며, 지혜로운 자는 음악 연주를 좋아하고, 은근한 뜻이 있는 자는 화려한 것을 좋아하지요. 나는 이로써 그것이 문왕의 것임을 알았습니다."[卷五]

우리 선생님의 이름을 마구 부르다니

당의약堂衣若이라는 사람이 공자孔子의 집을 찾아와서 문을 두드리며 이렇게 불렀다.

"구丘[공자의 이름] 있느냐? 구 있느냐?"

자공子貢이 나가서 맞으며 이렇게 응대하였다.

"군자는 어진 이를 존경하고 무리를 용납하며, 좋은 것을 칭찬하고 능력 없는 자를 불쌍히 여기고, 안의 친절을 밖에까지 미치게 하며, 자기가 하기 싫은 일을 남에게 시키지 않는다고 하였소. 그런데 그대는 어찌하여 우리 선생님의 이름을 마구 부르시는 겁니까?"

이에 당의약이 이렇게 되물었다.

"너는 나이가 몇이나 되기에 사람을 그렇게 몰아붙이느냐?"

그러자 자공이 이렇게 답하였다.

"큰 수레는 급히 몰지 않으면 그 임무를 수행할 수 없고,

거문고도 꼭 매지 않으면 음을 이룰 수 없습니다. 그대의 말씀이 급하시기에 저도 급하게 말한 것입니다."

당의약이 비꼬았다.

"내 처음에는 그대를 고니 같은 큰 힘을 가진 인물로 보았는데 지금 보니 겨우 날갯짓을 할 수 있을 뿐이로구나."

그러자 자공이 이렇게 대꾸하였다.

"고니 같은 큰 힘이 없다면 어찌 그 날개를 펄럭일 수 있겠습니까?"

시詩에는 이렇게 말하였다.

> 끊듯이 다듬듯이, 쪼듯이 갈 듯이. [卷九]

기어가서라도 구하리라

공자孔子는 성인의 마음을 품고 도덕의 영역에 방황하고, 무형無形의 고향에 소요한 분이다. 하늘의 이치에 의지하고 사람의 정리情理를 살펴보며, 시종始終의 원리를 밝게 보고, 득실의 이치를 알아 이를 바탕으로 인의仁義를 부흥시키되, 권세와 이익에 휩쓸리는 것을 미워하였다.

공자 당시에는 주周나라의 도가 미약해지기 시작하여 제후들은 오로지 남을 정벌하기에 힘썼으며 강한 자는 약한 자를 위협하여 겁주고 무리가 많은 자는 수가 적은 자에게 포악하게 굴어 백성들은 안녕을 누릴 수 없었으며, 기강은 바로 세워지지 못하였고, 예의는 무너졌고, 인륜은 제자리를 찾지 못하였다.

이에 공자는 "동으로부터 서로부터 남에서 북에서, …… 기어가서라도 이들을 구하리라"고 나섰던 것이다.[卷五]

아가씨들, 사내 좋다고 빠지지 마소

공자孔子가 이렇게 말하였다.

"입으로는 좋은 음식만 찾고 마음은 안일만을 바랄 때, 이는 인仁으로써 가르쳐야 한다. 마음이 편안함만 원하고 몸이 수고로움을 싫어할 때, 이는 공恭으로 바로잡아야 한다. 또 변론만 좋아하고 두려움을 겁낼 때는 이를 용勇으로써 고쳐나가야 하며, 눈이 미색만을 좋아하고 귀가 좋은 소리만 듣기를 바랄 때는 의義로써 다스려야 한다."

역易에는 이렇게 말하였다.

"넓적다리에 힘이 머무니 등뼈를 못 쓰게 한다. 위태하여 그 마음을 태운다."

또 시詩에는

싱숭생숭 아가씨들,
사내 좋다고 빠지지 마소!

라 하였으니 모두가 사악함을 막고 안일을 금하여 심지를 조화롭게 가꾸라는 뜻이다.[卷二]

말하는 요령

공자孔子가 이렇게 말하였다.

"말하는 기술은 장중하고 가지런한 태도로 하고, 단정하고 성실하게 처하며, 강하고 굳센 모습으로 기다리며, 비유를 들어 사리에 맞게 깨우치고, 분석을 명확히 하고, 즐겁고 향기나는 말로 대꾸하며, 보배로 여기고, 귀하고 신기롭게 여기는 태도로 해야 한다. 이와 같이만 하면 떳떳하게 실행하지 못할 말이 없다. 이것이 바로 귀한 바를 귀하게 여길 줄 안다고 하는 것이다. 만약 사리에 맞지 않는 말이나 법도에 맞지 않는 행동, 그리고 남에게 도움이 될 수 없는 말이 있다면 군자로서 삼가야 한다."

시詩에는 이렇게 말하였다.

아무렇게나 쉽게 말하지 말고,
구차스럽게 떠들지 말라. [卷五]

모두가 물에 빠져 허우적거리네

공자孔子가 이렇게 말하였다.

"배우지 않고 생각하기만을 좋아하면 비록 아는 게 있다 할지라도 넓지 못하며, 배웠다고 해도 그 몸을 태만하게 굴면 비록 배운 게 있다 하더라도 존경받지 못한다. 또, 정성 없이 세우게 되면 비록 세웠다 할지라도 오래 견디지 못하며, 정성이 아직 몸에 배지 않았는데 말로 떠들기를 좋아하면 비록 말을 잘해도 믿어 주는 사람이 없게 된다. 훌륭한 바탕을 가졌더라도 군자의 도를 듣지 못하면 작은 일에 가려져 큰 물건에 해를 끼치게 되니, 그렇게 되면 틀림없이 재앙이 몸에까지 미치게 될 것이다."

시詩에는 이렇게 말하였다.

나라가 어찌하여 이리 되었나.
모두가 물에 빠져 허우적거리네. [卷六]

오직 학문뿐이로다

공자孔子가 이렇게 말하였다.

"종일 더불어 이야기해도 싫증을 느끼지 않는 것은 오직 학문밖에 없을진저! 아무리 몸이 잘 생겼다 해도 그것은 볼거리가 될 수 없고, 아무리 용기와 힘이 있다 해도 그것이 곧 가장 겁내야 할 것은 아니며, 아무리 집안이 훌륭하다고 해도 그것이 곧 칭송받을 일은 되지 못하며, 조상이 아무리 뛰어났다 해도 그것이 곧 말할거리는 될 수 없다. 그러나 사방에 소문이 퍼져나가고 제후에게까지 밝혀질 수 있는 것은 오직 학문뿐이로다!"

시詩에

> 어기지도 잊지도 아니하시고,
> 옛 법을 따라 이어 가시네.

라 하였으니 이는 학문을 두고 한 말이다.[卷六]

하늘이 자리를 정해 주시니

공자孔子가 이렇게 말하였다.

"천명을 알지 못하면 군자가 될 수 없다."

이는 하늘이 생명을 내림에는 모두에게 인의예지仁義禮智와 선을 따르는 마음을 주었는데, 천명을 모른다면 이는 곧 인의예지와 선을 따르려는 마음이 없다는 것이다. 이렇게 인의예지와 선을 좇으려는 마음이 없는 자를 바로 소인小人이라 한 것이다. 그러므로 천명을 알지 못하는 자는 군자가 될 수 없다고 말할 수 있다.

시詩 소아小雅에는

> 하늘이 그대 자리 정해주시니,
> 그 자리 반석인 듯 튼튼하도다.

라 하였는데 이는 하늘이 인의예지로써 사람을 보호하고 안정시킴이 매우 견고하다는 뜻이다.

또, 대아大雅에는

> 하늘이 모든 사람 낳으시면서,
> 어느 만물에게나 법칙 주었네.
> 백성은 이 법을 꼭 붙잡고,
> 훌륭한 그 덕을 따르고 있지.

라 하였는데 이는 백성이 그 덕을 꼭 잡고서 하늘의 이치를 법으로 삼는다는 뜻이다. 그러니 하늘의 이치를 법칙으로 여기지 않고서야 어찌 군자의 지위를 얻을 수 있겠는가?

[卷六]

승리했는데 어찌 근심 띤 얼굴입니까?

공자孔子가 이렇게 말하였다.

"영명한 군주에게는 두려워해야 하는 것이 세 가지 있으니, 첫째는 높은 곳에 처함으로써 자기의 과실을 듣지 못하면 어쩌나 하는 것이요, 둘째는 뜻을 얻었다고 해서 교만해지면 어쩌나 하는 것이며, 셋째는 천하의 훌륭한 도를 듣고도 이를 실천하지 못하면 어쩌나 하는 것이다."

옛날 월越나라 임금 구천勾踐이 오吳나라와 싸워 크게 이겨 남이南夷까지 다 차지하게 되었다. 그 때에는 그가 왕의 자리에 서면 가까운 신하가 셋, 멀리 있는 신하가 다섯이었다. 그러면서도 그는 여러 대부들에게 "허물을 듣고도 나에게 고하지 않는 자는 가장 큰 벌로 죽이리라" 하였다. 이것이 곧 지위가 높아 자신의 과실을 듣지 못하면 어쩌나 하는 경우이다.

또 옛날 진晉나라 문공文公이 초楚나라와 싸워 크게 이겨 초나라 군대를 다 불태워 버렸다. 불이 사흘을 계속 타자 문공은 물러서서 근심스런 얼굴을 하였다.
 곁에 있던 신하가 문공에게 물었다.
 "임금께서는 초나라를 쳐서 크게 이겼는데 근심의 빛을 띠시니 무슨 이유입니까?"
 "내 듣기로 전쟁에 이기고 마음을 편안히 가질 수 있는 자는 오직 성인밖에 없다고 하였소. 거짓을 써서 이겼으면서도 위험에 처하지 않은 경우란 이제껏 없었소. 그래서 내가 이렇게 근심을 하고 있는 것이라오."
 이것은 곧 뜻을 얻었다고 해서 교만해지면 어쩌나 하는 경우이다.

 다음으로 옛날 제齊나라 환공桓公이 관중管仲과 습붕隰朋을 얻어 왕의 자리에 섰을 때 환공은 이렇게 말하였다.
 "내 이 두 사람을 얻어 눈이 더욱 밝아지고 귀가 더욱 총명해졌습니다. 그래서 감히 독단으로 할 수 없으니 먼저 선조의 사당에 고하는 바입니다."
 이것이 곧 지극한 도를 듣고 실천하지 못하면 어쩌나 하는 경우이다. 이처럼 환공과 진나라 문공, 그리고 월나라 구천을 통해 보건대 이러한 세 가지 두려움을 가져야 하는 것은 명철한 군주의 의무이다.

시詩에

부드럽고 공손하기는, 나무에 모여 오른 듯.
조심조심 마음 졸이기는, 절벽 위에 서 있듯이.
겁을 먹고 조심하기는, 얇은 얼음 밟고 가듯.

라 하였으니 이는 위대한 임금이 남의 위에 있을 때의 태도를 말한 것이다.[卷七]

세 번이나 변할 수 있었던 것은

공자孔子가 이렇게 말하였다.

"옛날 주공周公이 아버지인 문왕文王을 섬길 때는 멋대로 행동함이 없었고 자기 위주로 일함이 없었으며, 옷은 검소하게 입었고 말은 가려 할 줄 알았으며, 아버지 앞에 물건을 들고 갈 때면 공손히 받들어 마치 놓칠 듯 두려워하는 태도를 취하였으니 그는 가히 아들 된 도리를 다하였다고 할 수 있다. 그리고 형인 무왕武王이 죽고 조카 성왕成王이 어리자 주공은 문왕과 무왕의 업적을 이어받아 천자의 지위를 실천하고, 천자의 정사政事로 의견을 듣고, 이적夷狄의 난을 정벌하고 관숙管叔·채숙蔡叔의 죄를 주벌하였다. 또 성왕을 안은 채 제후들의 조견을 받아 벌과 상을 내리고 결재하며 판단하되 모두 주위의 자문을 구하여 행하였다. 그리하여 위엄은 천하를 진동하였고 그 떨침은 사해를 놀라게 하였으니 이 때는 가히 무武를 발휘하였다고 할 수 있다.

  이어서 성왕이 성장하자 주공은 정치를 그에게 돌려주고, 스스로는 신하가 되어 섬기되 먼저 요청이 있어야 행하였으며 조금도 자랑하거나 뽐내는 기색이 없었다. 이 때에는 가히 신하로서의 의무를 다하였다고 할 수 있다. 그러므로 한 사람의 몸이 능히 세 번이나 변할 수 있었던 것은 그 때마다 잘 응하였기 때문이다."

  시詩에는 이렇게 말하였다.

> 왼쪽으로 할 때면 왼쪽으로 하니,
> 군자의 도리에 딱 들어맞고,
> 오른쪽으로 할 일이면 오른쪽으로 하니,
> 군자가 지닐 것 그대로 지니네.　[卷七]

지혜로운 자는 장수합니까?

노魯나라 임금 애공哀公이 공자孔子에게 물었다.
"지혜로운 자는 장수합니까?"
"그렇습니다. 사람이 죽는 것은 세 가지 경우가 있는데 모두가 명命 때문에 죽는 것이 아닙니다. 스스로 택해서 그 죽음에 이르는 것입니다. 즉 거처가 바르지 못하거나, 음식을 조절하지 못하거나 과로하는 경우에는 각종 병이 몰려들어 그를 죽게 하지요. 또, 아래에 거하면서 윗사람을 간섭하기를 좋아하고, 기호와 욕구에 싫증을 모르며, 욕구를 찾아 그칠 줄 모르게 되면 형벌이 몰려들어 그를 죽이고 말지요. 다음으로 자신의 역량이 적으면서 많은 무리를 대적하고, 자신은 약하면서 강한 자를 모욕하며, 분을 내세우되 힘을 헤아리지 않으면 전쟁이 그를 죽게 하지요.
따라서 이 세 가지 죽음은 모두가 명이 다해서가 아니고 스스로 택해서 맞이하는 것입니다."

시詩에는 이렇게 말하였다.

사람으로서 예의가 없으니,
죽지 않고 어찌리요! [卷一]

지혜로운 자는 물을 좋아한다

"지혜로운 자는 어찌하여 물을 좋아하는 것입니까?"

"물이란 순리를 따라 흐르되 작은 빈틈도 놓치지 않고 적셔드니 이는 마치 지혜를 갖춘 자와 같고, 움직이면서 아래로 흘러가니 이는 예를 갖춘 자와 같으며, 어떤 깊은 곳도 머뭇거림 없이 밟고 들어가니 이는 용기를 가진 자와 같고, 막혀서 갇히게 되면 고요히 맑아지니 이는 천명을 아는 자와 같으며, 험하고 먼 길을 거쳐 흐르면서도 마침내 남을 허물어뜨리는 법이 없으니 이는 덕을 가진 자와 같다.

천지는 이를 통해 이루고, 만물은 이로써 살아가며, 나라는 이로써 안녕을 얻고, 만사는 이로써 평안해지며, 품물品物은 이로써 바르게 되는 것이다. 이 때문에 지혜로운 자는 물을 좋아한다."

시詩에

저 반수泮水를 생각하네.

조악풀 뜯어보세.

님께서 오셔서 그 곳에서 술 드시네.

라 하였으니, 이는 물을 즐김을 노래한 것이다.[卷三]

너는 노래를 불러라

 공자孔子가 광匡땅을 지날 때였다. 마침 간자簡子가 양호陽虎를 죽이려고 하였었는데 공자가 양호와 비슷하게 생겨 공자를 양호인 줄 알고 군대를 보내어 공자가 머물고 있는 집을 에워싸 버렸다. 이에 자로子路가 화를 내며 창을 들고 나가서 맞서려 하자 공자는 이렇게 말했다.

 "자로由야! 어찌 인의가 그리도 모자라느냐. 시서詩書를 아직 충분히 익히지 못하였고, 예악禮樂을 아직 제대로 익히지 못한 것이 나의 죄라면 죄이다. 내가 양호가 아닌데 나를 양호인 줄로 아는 것은 나의 죄가 아니다. 이는 바로 운명이다. 너는 노래를 불러라. 내 너에게 화답하마."

 자로가 노래를 부르자 공자는 그에 화답하되 세 곡까지 하자 그들은 포위를 풀고 가버렸다.

 시詩에

어진 이와 함께하며
그를 따라 노래하네

라 하였으니 이는 성덕盛德이 있는 자와 화합을 베풀면 아무런 행동을 취하지 않아도 모든 일이 해결된다는 뜻이다.[卷六]

어진 자는 산을 좋아한다

"어진 자는 어찌하여 산을 좋아합니까?"

"산이란 만민이 우러러보는 대상이다. 초목이 그곳에서 나서 자라고, 만물이 뿌리를 내리고 자라며, 새들이 모여들고, 짐승이 쉬어간다. 사방 사람들은 그곳에 가서 이익을 취하며, 구름과 바람이 불어 일고, 천지의 중간에 우뚝 서 있다. 천지는 이로써 이루어지고, 국가는 이로써 안녕을 얻는다. 그래서 어진 사람은 산을 좋아한다."

시詩에

> 태산은 높고 높아,
> 노나라가 우러러 받드는 바요.

라 하였으니, 이는 산을 좋아함을 말한 것이다.[卷三]

깊은 숲 속의 난초

공자가 진陳나라와 채蔡나라 사이에서 곤액에 처하여 자리는 겨우 삼경三經이요, 이레 동안 콩잎 죽에 쌀가루도 넣지 못하여 제자들이 모두 굶주림에 허덕였건만 그래도 책을 읽고 예악禮樂을 학습하기를 그치지 않았다. 이에 참다 못한 자로子路가 나서서 공자에게 대들었다.

"착한 일을 하는 자는 하늘이 복으로써 보답하고, 옳지 못한 일을 하는 자는 하늘이 적해賊害로써 갚는다고 하였습니다. 지금 선생님께서는 덕을 쌓고 인을 실행하는 등 옳은 일을 하신 지가 오래됩니다. 생각건대 아직도 빠뜨린 일이 있는 것입니까? 어찌 이리 숨어만 있습니까?"

"자로[由]야! 이리 오너라. 너는 소인이로구나. 아직 도리를 다 익히지 못하였구나. 앉거라. 내 너에게 말해주마. 너는 지혜로운 자는 억울한 일을 만나지 않는다고 여기느냐? 그렇다면 왕자 비간比干은 어찌하여 심장을 도려내는 죽음을 당하였겠느냐? 또 의로운 자는 남이 그의 말을 들어 준다고 여기느냐? 그렇다면 어찌하여 오자서伍子胥는 눈알을 도려내어 오吳나라의 동문東門에 걸리는 처참함을 당하였겠느냐? 또 청렴한 자는 꼭 등용된다고 여기느냐? 그렇다면 백이伯夷 숙제叔齊는 어찌하여 수양산首陽山에서 굶어 죽었겠느냐? 그리고 충성스러운 자는 등용된다고 보느냐? 그렇다면 포숙鮑叔은 어찌하여 등용되지 못하였으며, 섭공자고葉公子高는 종신토록 벼슬하지 못하였고, 포초鮑焦는 나무를 껴안은 채 울었으며, 개자추介子推는 산으로 숨어 타죽었겠느냐?

그러므로 군자로서 널리 배워 깊은 모책이 있으면서도 때를 만나지 못한 자는 매우 많다. 어찌 나 혼자만이 그렇겠느냐?

어질고 불초한 것은 타고나는 바탕이요, 만나고 못 만나는 것은 시운時運에 달린 것이다. 지금은 때가 아니니 어질다고 한들 어디에 쓰이겠느냐? 그래서 우순虞舜이 역산歷山의 남쪽에서 농사지었지만 천자로 오를 수 있었던 것은 요堯를 만났기 때문이요, 부열傅說이 흙을 짊어지고 성 쌓는 일을 하였지만 대부가 될 수 있었던 것은 무정武丁[殷나라 高宗]을 만났기 때문이며, 이윤伊尹이 유신씨有莘氏의 노예로서 솥을 짊어지고 음식을 조리하는 자였지만 재상 자리에 오를 수 있었던 것은 탕湯임금을 만났기 때문이었다.

그런가 하면 여망呂望[강태공]은 나이 오십에는 극진棘津에서 음식을 팔고 일흔에는 조가朝歌에서 푸줏간을 하다가 구십에 천자의 스승이 되었는데 이 역시 문왕文王을 만났기 때문이며, 관이오管夷吾[관중]는 꽁꽁 묶인 채 스스로 함거檻車에 갇혀 있었지만 중보仲父가 될 수 있었던 것은 제齊나라 환공桓公을 만났기 때문이며, 백리해百里奚는 스스로 다섯 마리의 양가죽에 팔려 진백秦伯을 위해 소를 쳤지만 대부로 거용된 것은 진秦나라 목공繆公을 만났기 때문이다. 또, 우구虞丘는 천하의 영윤令尹[최고의 관직]이었지만 그 자리를 손숙오孫叔敖에게 양보하게 된 것은 초楚나라 장왕莊王을 만났기 때문이며, 오자서가 많은 공을 이미 이루어 놓고도 끝내 죽음을 당하게 된 것은 성함과 쇠함의 무상함을 모른 데다가 앞서는 합려闔閭를 만나고 뒤에는 부차夫差를 만났기 때문이다.

또 무릇 천리마가 소금 수레를 끌다가 지치고 마는 것은 그 말이 천리마의 모습을 타고나지 않았기 때문이 아니라 사람들이 그를 알아보지 못하기 때문이다.

천리마로 하여금 백락伯樂을 만나지 못하게 하면 어찌 천리를 달릴 수 있겠으며 그런 경우 조보趙父라도 그 말을 천리를 끌고 갈 재주가 없다. 무릇 난초는 깊은 숲 속, 깊은 산 속에 나서 사람이 보지 못한다 해도 향기를 내뿜지 않는 것은 아니다. 이처럼 학자란 달통하기 위해 배우는 것이 아니다. 곤궁에 처하였을 때라도 궁색하게 굴지 않고, 근심이 있어도 그 뜻을 쇠약하게 하지 않으며, 남보다 먼저 화복의 시작을 깨닫고 마음에 혹함이 없기를 위해서 배우는 것이란다.

그러므로 성인은 은거하면서도 깊이 생각하고, 홀로 있어도 듣고 보는 것이다. 순임금이 어진 성인으로서 왕의 자리에서 천하를 다스린 것은 오직 요를 만났기 때문이다. 만약 그가 걸桀이나 주紂의 시대에 태어났다면 스스로 형벌에 따른 죽음으로부터 벗어난 것만으로도 잘하였다 할 것이니 어느 겨를에 천자의 지위에 오를 수 있었겠느냐?

걸이 관룡봉關龍逄을 죽이고 주는 왕자 비간을 죽였는데 그 때에는 관룡봉이 무지해서 그랬고 왕자 비간이 지혜가 없어서 그랬겠느냐? 이는 다만 모두가 때를 잘 만나지 못해서 그런 것이다.

따라서 군자란 학문을 닦고 몸을 수양하여 행동을 단정히 하되 모름지기 때도 잘 만나야 하는 것이란다. 그러니 너는 더 이상 혹함이 없도록 하여라."

시詩에는 이렇게 말하였다.

> 학이 저 아홉 구비 물가에서 울도다.
> 그 소리 멀리 하늘까지 들리네. [卷七]

무너진 성문을 수리하는 무리들

형荊[楚]나라가 진陳나라를 쳐서 진나라의 서문이 무너지자 진나라 백성들을 시켜 그 문을 수리하게 하였다. 공자孔子가 이를 보고는 식軾[수레 나무를 잡고 행하는 예법]도 하지 않고 지나갔다. 자공子貢이 고삐를 잡은 채 공자에게 물었다.

"예禮에는 세 사람을 한꺼번에 만나면 수레에서 내리고, 두 사람을 만나면 식으로 예를 표한다고 하였습니다. 지금 진나라에 성을 고치고 있는 사람이 저렇게 많은데 선생님께서는 식도 아니하시니 어찌 된 일이십니까?"

"나라가 망하였는데도 이를 모르고 있는 것은 지智가 아니요, 알면서도 맞서지 않는 것은 충忠이 아니며, 망하였는데도 죽음으로 나서지 않는 것은 용勇이 아니다. 성을 고치는 자가 저렇게 많으나 그 중 누구도 이를 실행하지 못하고 있으니 내가 식을 하지 않는 것이다."

시詩에

> 근심 속에 가슴이 타네
> 무리진 소인배들 나의 화를 돋구네.

라 하였으니, 소인들이 무리를 짓고 있는데 어찌 거기에 예를 표할 필요가 있으리요![卷一]

아들이 죽었는데 울지 않는 어머니

춘추시대 노魯나라 대부 공보문백公甫文伯이 죽었을 때 그의 어머니가 울지 않았다. 계손季孫이 이를 듣고 이렇게 말하였다.

"공보문백의 어머니는 훌륭한 여인이다. 그런 여자가 아들이 죽었는데도 울지 않았다면 분명히 이유가 있을 것이다."

그리고는 사람을 보내 그 까닭을 물어보게 하였다. 그러자 그의 어머니는 이렇게 설명하는 것이었다.

"지난 날, 제 아들 녀석에게 중니仲尼[공자]를 모시도록 보냈었지요. 그런데 중니가 노나라를 떠날 때 그 분을 건성으로 전송하고 노나라 교외까지도 나가지 않았습니다. 또 그 분에게 선물을 갖다 드리라고 하였더니 집에 있는 좋은 보물은 감추더이다. 그런데 제 아들이 병이 들자 병문안 오는 자 중에 선비는 볼 수 없었으며, 죽고 나서도 선비

중에 눈물을 흘리며 그의 죽음을 슬퍼해 주는 자를 볼 수 없었다오. 그러나 상복을 입고 따르는 궁녀는 열 명이나 되었습니다. 이는 그 녀석이 선비들에게는 박하게 굴고 여자들한테는 넘치게 잘하였기 때문이겠지요. 그래서 내가 울지 않았소."

시詩에는 이렇게 말하였다.

> 보아하니 이런 사람,
> 덕과 언행이 모두 글렀군. [卷一]

선비 등용법

노魯나라 애공哀公이 사람을 취해 쓰는 법을 묻자 공자孔子는 이렇게 설명하였다.

"교만한 자를 쓰지 마시고, 아첨하는 자를 쓰지 말며, 남을 헐뜯기 좋아하는 자를 쓰지 마십시오 활은 잘 조절한 다음에야 강함을 요구할 수 있고, 말은 길을 잘 들인 후라야 장점을 요구할 수 있습니다. 마찬가지로 선비는 믿음 있고 성실해야만 지식을 요구할 수 있는 것입니다. 선비로서 믿음이 없으면서 지식만 많다면 비유컨대 승냥이나 이리와 같아서 가까이 해서는 안 됩니다.

주서周書에는 '호랑이에게 날개까지 달아준다'고 하였으니 역시 위험한 일이 아니겠습니까?"

시詩에

신하 본분 제대로 지키지 못해

임금이 대신 재앙을 받네

라 하였으니, 이는 자기의 직무를 공경히 수행하지 않아 그로 인해 임금을 병들게 한다는 뜻이다.[卷四]

평생 지니고 살아갈 세 마디 말

증자曾子[曾參]가 이렇게 말하였다.

"군자로서 관철하여 몸에 차고 다닐 만한 말은 세 마디이다. 첫째, 안으로는 소홀히 하면서 밖으로는 남에게 빌붙는 일은 없을 것. 둘째, 자신은 훌륭한 일을 하지 못하면서 남을 원망하는 일은 없을 것. 셋째, 환난에 이르러서야 하늘을 향해 울부짖는 일은 없을 것 등이다."

자공子貢이 그 뜻을 묻자 증자는 이렇게 설명하였다.

"안을 소홀히 하면서 밖으로 남에게 빌붙는다면 이는 정리에 반하는 일이다. 자신은 선하지 못하면서 남을 원망한다면 이는 사리에 먼 일이다. 또, 환난에 이르러서야 하늘을 향해 울부짖는다면 이는 너무 늦은 것이다."

시詩에 이렇게 말하였다.

> 흐느껴 울어본들
> 어찌 그에 미치리오! [卷二]

아버지의 매를 맞는 태도

증자曾子[曾參]가 잘못을 저지르자 아버지 증석曾晳이 지팡이로 후려쳐서 증자가 그만 땅에 고꾸라지고 말았다. 잠시 후 증자는 일어서며 아무렇지도 않다는 태도로 이렇게 말하였다.

"아버님께서는 괜찮으십니까?"

노魯나라 사람들은 이를 두고 증자를 어진 이로 여겨 선생님인 공자에게 알렸다. 그러자 공자는 도리어 문인들에게 증자를 불러오도록 하여 이렇게 꾸짖었다.

"너는 듣지 못하였느냐? 옛날 순舜임금이 아들로서 어떻게 행동하였는지를. 그는 작은 매는 기다려 맞았지만 몽둥이를 들고 때리려 할 때는 도망쳤다. 그를 찾아 일을 시키고자 할 때는 곁에 없었던 적이 없었지만 그를 찾아 죽이려고 할 때는 어디 있는지 찾아 낼 수가 없게 하였다. 그런데 너는 온몸을 맡겨 그 포악한 노기를 기다리며 똑바로 서서

도망가지 않았으니 너는 이 나라 왕의 백성이 아니냐? 그 죄를 어찌하려고 그랬느냐?"

시詩에는

아! 편하고 유유한 저 발걸음,
드디어 이곳까지 다다르셨네.

라 하였고, 또 이런 노래도 있다.

얼굴에 환한 웃음 가득 띠시고,
화내는 기색 없이 가르쳐 주시네. [卷八]

짐은 무겁고 갈 길은 멀다

증자曾子[曾參]가 거莒 땅에서 벼슬을 할 때에는, 그 봉록 奉祿이 겨우 곡식 삼병三秉[30말 정도]에 지나지 않았다. 이 때에 증자는 어버이를 모시고 있었기 때문에 봉록을 중시하고 자신은 가벼이 여겼다. 어버이가 죽고 나서 제齊나라에서는 그를 재상으로, 초楚나라에서는 그를 영윤令尹이라는 높은 벼슬로, 그리고 진晉나라에서는 그를 상경上卿이라는 큰 벼슬로 모시려 하였다. 이 때에 증자는 그 자신의 몸은 중히 여기면서, 그 봉록은 가벼이 여겼다.

자신의 고집을 지키느라 나라를 미혹하게 하는 자와는 더불어 인仁을 말할 수 없고, 자신이 궁색하다 하여 어버이를 고생시키는 자와는 더불어 효孝를 논할 수 없는 법이다. 짐은 무겁고 갈 길은 먼 자는 땅을 가리지 않고 쉬는 법이며, 집은 가난한데 늙은 어버이를 모시고 있는 자는 관직을 가리지 않고 벼슬하는 법이다.

그러므로 군자는 그 형세의 추이에 따라 마땅히 급한 일부터 처리하기에 힘써야 하는 것이다.

예로부터 전해오기를 "좋은 때를 만나지 못한 채 벼슬할 경우에는 맡겨진 일에 돈독하게 그 책임을 염려하여 남에게 부림을 받되, 그 모책을 짜는 데는 끼어들지 말아야 한다. 이는 집이 가난하므로, 그 어버이를 모실 수 있는 것만으로 족하다 여겨야 하기 때문이다"라고 하였다.

시詩에는 이렇게 일렀다.

> 밤낮으로 공무에 다같이 바쁘지만,
> 나의 사명은 남과 다르네! [卷一]

두울 _

다욕보다 큰 죄는 없다

궁해지면 누추해진다

 군자는 큰마음을 먹게 되면 하늘을 공경하여 도로 나아가고, 작은 마음을 먹게 되더라도 의를 두려워하여 절도를 지킨다. 그리고 지혜가 있으면 통달한 바를 밝혀 함께 하며, 어리석더라도 단정히 하고 성실히 하여 법을 지킨다. 또, 기쁨이 있으면 화합하여 치도를 따르고, 걱정이 있으면 고요히 하여 그 자리를 떠나되 편안한 마음으로 용납하고, 궁해질지라도 이를 받아들여 자세히 알아보려 한다.

 그러나 소인이 큰마음을 먹게 되면 교만하고 포악하게 굴며, 작은 마음을 갖게 되면 제멋대로 하여 한쪽으로 기울고, 조금 안다면 도적질하고 요행을 바라며, 어리석으면 악독하게 남을 괴롭히고 난을 일으킨다. 그런가 하면 기쁨이 있으면 경솔하고 쉽게 굴어 그것을 상쾌한 것으로 여기고, 근심이 있으면 좌절하여 겁부터 먹으며 교만하고 치우치게 굴며, 궁해지면 포기하고 누추해진다. 그 지체의 놀림이 금수와 같아지고 언어의 포악함은 오랑캐와 다를 바가 없어지며, 종족의 근심거리요, 동네의 우환거리가 된다.
시詩에는 이렇게 말하였다.

> 오랑캐도 부끄러워 할 그 못된 행실,
> 나는 이로써 걱정스럽네. [卷四]

만물의 흐름을 따라가되

 군자는 남의 덕을 숭상하고 남의 아름다움을 드러내되 아첨의 말로 하지는 않는다. 또 바른 말과 곧은 행동으로 남의 과실을 지적하되 흠을 꼬집어내지는 않는다. 그리고 부드럽게 복종하고, 강한 의지를 세워 만물의 흐름을 따라가되 도와 덕을 벗어나지는 않는다.
 시詩에는 이렇게 말하였다.

> 부드럽다고 삼키지 말며,
> 딱딱하다고 뱉지도 말라.
> 홀아비와 과부라 업신여기지 말고,
> 강포한 자라고 두려워하지도 말라. [卷六]

임금은 백성의 부모가 되기에

시詩에 이렇게 말하였다.

　화목하고 정이 많은 우리 군자는,
　백성의 부모가 될 만도 하지.

군자로서 백성의 부모가 되려면 어떻게 해야 하는가?
"군자란 그 모습은 공손하고 행동은 성실하며, 스스로는 검소하되 베풀 때에는 인색하지 않다. 따라서 어리석은 자는 그렇게 할 수가 없다. 재물은 자기 것을 완전히 남을 위해 써서 남에게 이익이 되도록 한다. 그 때문에 사람들이 그를 위해 몸을 바치게 되는 것이다. 또 사랑을 돈독히 하되 빼앗지 않으며, 후하게 베풀되 자랑하지 아니한다. 남의 훌륭한 일을 보면 흔연히 즐거워하고 남의 잘못된 일을 보면 불쌍히 여겨 이를 덮어준다. 그리고 잘못이 있더라도 감싸주며, 남에게 옷을 벗어 주는 것을 가장 높이 여기며 음식을 나누어주는 경우는 아주 많다. 아랫사람에게 법을 쉽게 따를 수 있도록 해주며, 일을 줄여 쉽게 해낼 수 있도록 한다. 이런 까닭으로 가운데에 서서 백성의 부모가 되는 것이다. 성을 쌓아 그 안에 살게 하고, 땅을 나누어 먹고살게 하며, 학교를 세워 가르쳐 사람들로 하여금 친함과 존경이 무엇인지를 알게 해준다.

친함과 존경을 알고 있으므로 어버이가 돌아가셨을 때 삼 년 동안 참최斬衰[상복의 일종]를 입는 것인데, 임금을 위해서도 삼 년의 참최를 입는 것은 바로 임금은 백성의 부모가 되기 때문임을 말한 것이다."[卷六]

그릇을 엎어놓은 듯 안전한 것

 군자의 평소 생활은 편안하기가 마치 털옷을 깔고 앉은 것 같고, 안전하기는 마치 그릇을 엎어놓은 것 같아야 한다. 그리하여 천하에 도가 있을 때는 제후들이 그를 두려워하며, 천하에 도가 없을 때는 서민들이 그를 통해 편안함을 얻을 수 있도록 해야 한다. 이는 오늘날만의 일이 아니라 예로부터 똑같았다.

 옛날 범려范蠡가 이리저리 떠돌다가 제齊나라의 도陶 땅에 살게 되었다. 범려는 용龍이 변하듯 인의仁義의 부침을 겪고는 크게 깨우쳐 천지와 근심을 같이 하였다. 그러니 군자라면 평소 어찌 이렇게까지 자약해야 되지 않겠는가?
 시詩에는 이렇게 말하였다.

> 내 마음 이리도 근심스러운데,
> 그 누가 이를 알아주기라도 하랴? [卷九]

마음을 비우고

군자는 도를 들으면 귀로 담아 마음에 간직하여, 인仁으로써 살피고 신信으로써 지키며 의義로써 실천하고 손遜으로 표출한다. 그러므로 어느 하나 마음을 비우고 듣지 않는 게 없다.

그러나 소인은 도를 들으면 귀로 담아 입으로만 내뱉어 구차스럽게 말로만 할 뿐이니 비유컨대 배불리 먹고 이를 다시 토해내어 자기 살이나 가죽에는 아무런 이익이 되지 않으며 지기志氣만 험악해지는 것과 같다.

시詩에는 이렇게 말하였다.

> 어찌해야 그 마음 안정시킬까? [卷九]

훌륭한 말일수록 어눌한 법

 어진 선비라면 먹을 것을 위해서 부끄러운 짓을 하지 않으며, 소득을 위하느라 치욕을 당하는 짓은 하지 않는다.
 노자老子는 이렇게 말하였다.
 "명예와 몸 중에 어느 것이 더 중하며, 몸과 재물 중 어느 것이 더 중하며, 어느 것을 잃고 어느 것을 얻는 것이 더 바람직한 일인가? 그러므로 심하게 아끼면 틀림없이 크게 허비할 것이요 많이 쌓아두면 틀림없이 크게 잃을 것이다. 만족을 알면 욕을 당하지 않고 그칠 줄을 알면 위태함이 없을 것이니 그리 하여야 길게 보존할 수 있다. 큰 성공은 오히려 빠진 것같이 해야 그 쓰임이 무궁하고, 가득 찬 것은 텅 빈 것같이 해야 그 쓰임이 끝이 없는 것이다. 마찬가지로 아주 곧은 것일수록 마치 굽은 듯이 해야 하고, 뛰어난 말솜씨일수록 어눌한 것처럼 해야 하며,

공교할수록 졸렬한 듯이 해야 그 쓰임에는 비뚤어짐이 없게 되는 것이다.

　죄罪 중에는 다욕多慾보다 큰 것이 없고, 화禍는 만족을 모르는 것보다 큰 것이 없다. 그리고 허물은 얻고자 하는 것보다 더 분수에 지나친 것이 없다. 그러므로 만족을 만족으로 알게 되면 언제나 만족을 느낄 수 있는 것이다."[卷九]

송곳 꽂을 땅 하나 없어도

유儒란 유儒이다. 유儒의 말뜻은 무無이다. 바꿀 수 없는 법술로서 만 가지 변화에도 그 도는 궁함이 없다는 뜻이니 육경六經이 바로 그것이다.

이를테면 군신지의君臣之義, 부자지친父子之親, 부부지별夫婦之別, 붕우지서朋友之序는 유자들이 삼가며 지키는 바로서 날로 갈고 닦아 포기하지 않는 덕목이다.

이들은 비록 궁항窮巷 누실陋室 아래에 거하여 안으로는 배를 채우지 못하고 밖으로는 몸차림을 제대로 못하며, 송곳 꽂을 땅 하나 갖고 있지 못할지라도, 명찰함은 족히 천하를 주무른다. 그러한 자를 높이 받들어 나라에 쓰게 되면 왕공王公의 큰 재목이 될 것이요, 작게 써서 자리를 갖추어 주게 되면 사직의 신하가 될 수 있다. 비록 암거巖居 혈처穴處할지라도 왕후王侯가 능히 그와 이름을 다툴 수 없으니 이는 무슨 까닭이겠는가? 이는 바로 인의仁義의 교화를 가지고 있기 때문이다.

만약 왕으로 하여금 그의 말을 듣게 하고, 그의 행동을 믿게 한다면 당우唐虞 시대의 법도 가히 얻어 볼 수 있고, 칭송의 소리도 얻어 들을 수 있다.

시詩에

옛 사람들 이렇게 말하였지.
꼴군이나 나무꾼에게도 물어본다고.

라 하였으니, 그 모책을 널리 취해야 한다는 뜻이다.[卷五]

세상에는 사랑하지 않을 것이 없다

내 그대에게 말하노라.

"높고 존귀한 자리에 있다고 해서 남에게 교만하게 굴지 말라. 또 총명하고 뛰어난 지혜가 있다고 해서 남을 궁지로 몰아넣지 말라. 그리고 용맹勇猛하고 강무强武하다고 해서 남을 침략하지 말며, 말 잘하고 민첩하다고 해서 남을 속이지 말라. 능력이 없으면 배우면 되고, 아는 것이 없으면 물으면 된다. 아는 것이 있다 할지라도 반드시 양보하라. 그런 연후에야 안다고 할 수 있다. 임금을 만나면 신하로서의 의義를 지키고, 고향을 떠났을 때는 장유長幼의 의를 지키며, 어른을 만났을 때는 제자弟子로서의 의를 지키고, 같은 연배의 사람을 만났을 때는 붕우朋友의 의를 지키며, 자신보다 어린 자를 만났을 때는 도를 일러주고 관용을 베푸는 의를 지키도록 하라.

이렇게 보면 세상에는 사랑하지 않아야 할 것이 없고,

공경하지 않아야 하는 것이 없으며, 사람과 다툴 일도 없고, 확 트여 천지가 만물을 감싸고 있음을 알게 될 것이다. 이와 같이만 되면 늙은이는 평안을 얻게 되고, 어린이는 보호를 받으며, 친구 사이에는 믿음이 있게 되느니라."
시詩에는 이렇게 말하였다.

여러 친구들에게 은혜롭게 하고,
서민과 소인 어린이에게까지 미치게 하라.
그러면 자손이 끝없이 이어지면서,
만민이 우러러 받들게 되리라. [卷六]

엎드린 바위를 범인 줄 알고 쏘았더니

 용사勇士가 한 번 소리를 지르면 삼군三軍이 모두 피하나니 이것이 곧 선비의 진면목이다. 옛날 초楚나라의 웅거자熊渠子라는 자가 밤길을 걷다가 누워 있는 바위를 엎드린 범인 줄 알고 활을 당겨 쏘았다. 그랬더니 활촉과 활 끝의 깃이 바위를 뚫고 들어가 보이지 않을 정도였다. 그는 내려가 보고서야 그것이 바위였음을 알았다.

 비록 바위일지라도 그러한 용기를 위해 이처럼 스스로를 열어주거늘 하물며 사람에게 있어서랴? 남이 제창提倡하는데도 화답하지 않고, 남이 움직이는데도 따라하지 않는다면 이는 그 마음속이 온전치 못한 자일 것이다. 또, 자리에서 내려와 보지도 않으면서 천하를 바로잡는 것은 모든 것을 자기 자신에게서 구하기 때문이다.

 공자孔子는 이렇게 말하였다.

 "그 몸이 바르면 명령을 내리지 않아도 행해지나, 자신이 바르지 못하면 명령을 내려도 따라주지 않는다."

  선왕들이 팔짱을 낀 채 지휘채만 흔들어도 사해가 모두 찾아오는 것은 성덕을 온전히 갖추면 그 형색이 밖으로 드러나기 때문이다.

  시詩에는 이렇게 말하였다.

> 왕께서 하시는 덕 온 세상 덮어,
> 서나라 오랑캐도 항복해 오네. [卷六]

아내가 보이지 않으니 흉하도다

역易에는 이렇게 말하였다.

"돌에 눌려 곤액을 당하고 찔레에 엉켜 고통을 당하다가 집에 돌아와도 그 아내가 보이지 않으니 흉하도다."[困于石, 據于蒺藜, 入于其宮, 不見其妻, 凶.]

이는 곤액에 처해 있으면서 어진 이를 만날 수 없음을 말한 것이다.

옛날 진秦나라 목공繆公은 효산殽山에서 곤액을 당할 때 서둘러 오고대부五羖大夫[百里奚], 건숙蹇叔, 공손지公孫支를 의지하였기 때문에 적게나마 패자가 될 수 있었고, 진晉나라 문공文公은 여희驪姬로 인해 곤액을 당하였을 때 서둘러 구범咎犯, 조최趙衰, 개자추介子推를 들어 썼기 때문에 드디어 임금이 될 수 있었으며, 월越나라 구천勾踐은 회계산會稽山에서 곤액을 당하였을 때 급히 범려范蠡, 대부종大夫種[文

種]을 들어 썼기 때문에 남국南國을 제패할 수 있었던 것이며, 제齊나라 환공桓公은 장작長勺에서 곤액을 당하였을 때 서둘러 관중管仲, 영척甯戚, 습붕隰朋을 들어 썼기 때문에 일광천하一匡天下할 수 있었던 것이다.

이 네 사람은 모두가 곤액에 처하였을 때 서둘러 어진 이를 찾아 의지해야 한다는 것을 알았던 사람들이다. 무릇 곤액에 처하고서도 어진 이를 찾아 쓸 줄 모르면서 망하지 아니한 이는 일찍이 없었다.

시詩에

> 망한다고 누구나 말들이 많네.
> 이 나라 끝내 망하려는가.

라 하였는데 이는 더 이상 선인善人이 없음을 말한 것이다.
[卷六]

임금이 대신 재앙을 받네

대충大忠, 차충次忠, 하충下忠, 그리고 국적國賊이 있다. 도로써 임금을 덮어주고 교화시키는 것을 일컬어 대충이라 하며, 덕으로써 임금을 조절하여 보필하는 것을 차충이라 하고, 그릇된 임금이라 간언하면서 원망하는 것을 하충이라 한다. 그리고 공도公道를 달의達義에 도달하도록 힘쓰지 않고, 오히려 구차스럽게 투합偸合하고 동조하여 녹만 받아먹고 있는 것을 일컬어 국적이라 한다.

이를테면 주공周公이 성왕成王에게 한 것이 대충이며, 관중管仲이 환공桓公에게 한 것은 차충이라 할 수 있고, 오자서伍子胥가 부차夫差에게 한 것은 하충이며, 조촉룡曹觸龍이 주紂에게 한 경우는 국적이라 할 수 있다. 이들 신하된 자들의 행동은 모두가 자신들의 길, 흉, 현, 불초에 따라 그 효과가 달리 나타난 것이다.

시詩에는 이렇게 말하였다.

신하 본분 제대로 지키지 못해
임금이 대신 재앙을 받네. [卷四]

세엣 _

참새가 어린 봉황을 비웃지만

약한 뿌리라고 뽑히는 것은 아니다

 높은 담벼락이 위가 넓고 아래가 좁다고 해서 반드시 무너지는 것은 아니지만 폭우가 내려 물이 밀려오면 틀림없이 먼저 무너지고 말 것이다. 초목이 뿌리가 얕다고 해서 반드시 뽑히는 것은 아니지만 심한 바람이 불면 틀림없이 먼저 뽑히고 말 것이다.
 마찬가지로 군자가 그 나라에 거하면서 인의를 따르지 않고 어진 신하를 높일 줄 모르며 만물을 이치대로 처리하지 못한다고 해서 반드시 그 나라가 망하는 것은 아니다. 그러나 하루아침에 변고가 일어나서 제후들이 다투고 사람과 수레가 뒤엉켜 내달으며, 급박하게 화가 밀려들어서야 비로소 근심하고 목과 입술이 타도록 하늘을 우러러 탄식하며 그저 안전하게만 해달라고 바란다면 이 역시 너무 늦은 일이 아니겠는가?
 공자孔子는 이렇게 말하였다.

"앞일을 염려하지 않다가는 뒤에 후회하게 된다. 그 때 가서 후회한들 이미 미치지 못할 것이로다."

시詩에는 이렇게 말하고 있다.

　흐느껴 울어본들
　어찌 그에 미치리오. [卷二]

북두칠성으론 국을 떠먹을 수 없다

지금 여기에 견고한 갑옷과 날카로운 무기가 있다고 하자. 그러나 이것만으로 적과 맞닥뜨려 이기기에는 족하지 않다. 활과 화살이 잘 다듬어져 있다고 하자. 역시 이것만으로 멀리 있는 미세한 과녁을 맞추기에는 족하지 않다. 이런 것만 가지고는 무기가 없는 것과 같다. 또 여기에 백성이 있다고 하자. 그러나 이것만으로 적에게 대응시키기에는 족하지 않다. 이것만 가지고는 백성이 없는 것과 같다. 그러므로 반석이 천리를 뻗어 있다면 이를 두고 토지가 있다고 할 수 없으며, 어리석은 백성이 백만이 있다 해도 이를 두고 백성이 있다고는 할 수 없다.

시詩에는 이렇게 말하고 있다.

> 남쪽 하늘의 저 키 같은 기성,
> 그러나 그것으로 키질 할 수는 없네.
> 북쪽 하늘의 저 국자 같은 북두성,
> 그러나 그것으로 떠먹을 수는 없네. [卷四]

말솜씨가 너무 뛰어나면 남이 겁낸다

새로서 예쁜 깃과 굽은 부리를 가지고 있으면 다른 새들이 두려워하고, 물고기로서 큰 입에 뱃살이 많은 것은 다른 물고기가 무서워하며, 사람으로서 언변이 좋고 언사가 풍부한 자는 다른 사람들이 그를 겁낸다. 이 까닭으로 군자로서 피해야 할 세 가지 끝이 있으니 문사文士의 붓끝, 무사武士의 칼끝, 변사辯士의 혀끝이 곧 그것이다.

시詩에는 이렇게 말하였다.

>친구여 조심하게.
>헐뜯는 말이 일고 있다네. [卷七]

봉황이 어리다고 참새가 비웃지만

 봉황鳳凰이 처음 태어나서는 겨우 열 걸음밖에 걷지 못해 참새가 이를 비웃는다. 그러나 그것이 자라 한 번 크게 몸을 구부리고 구름 사이까지 높이 나는 것을 보면 울타리에 앉은 참새가 자기는 그렇게 날지 못함을 알게 된다.

 마찬가지로 선비가 거친 옷이나마 제대로 갖추어 입지 못하고, 등겨나 콩잎조차 배불리 먹지 못하고 있을 때는 세상의 속된 이들은 그를 별 것 아닌 자로 여긴다. 그러나 그들이 나서서는 백성을 편안히 하고, 등용되어서는 백성의 생명을 연장시키는 것을 보게 되면 세상 사람들은 확연히 자신은 그렇게 하지 못함을 알게 된다.

 시詩에는 이렇게 말하였다.

> 이 나라 바르게 다스리시니,
> 어찌 만년을 가지 않으랴! [卷九]

성이 너무 가파르면 허물어진다

 물이 탁하면 물고기가 물 밖으로 입을 내밀고 뻐끔거리며 숨을 쉬게 되고, 법령이 가혹하면 백성들은 난을 일으키게 된다. 성이 너무 가파르면 허물어지게 마련이며, 언덕이 지나치게 가파르면 역시 무너지고 만다. 그 때문에 병법가 오기吳起는 형벌을 가혹하게 하였다가 스스로도 거열형車裂刑[사지를 네 수레에 묶어 찢어 죽이는 형벌]에 처해졌으며, 상앙商鞅도 법을 너무 가혹하게 하였다가 자기도 사지가 찢기고 말았다.

 나라를 다스리는 자는 비유컨대 거문고 줄을 당기는 것과 같아 큰 줄을 지나치게 당기면 작은 줄이 끊어지고 만다. 그러므로 말고삐를 너무 급하게 당기면 그 말을 천 리까지 몰 수가 없다.

 소리가 있는 소리는 백 리를 가지 못하지만 소리 없는 소리는 멀리 사해四海에까지 퍼져 나간다. 따라서 그 공功

에 비해 봉록이 지나치게 많은 자는 결국 삭탈당하게 마련이며, 그 실제에 비해 명예가 지나치게 드러난 자는 깎이게 마련이다. 실정과 행동은 명분에 합당해야 하는 것이니 화와 복이란 이유 없이 찾아오는 것이 아니다.

시詩에

> 무슨 일로 거기에 처하는지
> 분명히 이유가 있을 터로다.
> 무슨 일로 그렇게 오래 끄는지
> 분명히 까닭이 있을 터로다.

라 하였으니 오직 아무런 작위 없이 해야 오래도록 능히 탈이 없고 만물에도 아무런 얽매임이 없게 되는 것이다.

[卷一]

배워야 그 부족함을 안다

 칼이 아무리 날카롭다 해도 숫돌에 갈지 않으면 물건을 자를 수 없고, 사람의 재질이 아무리 훌륭하다고 해도 배우지 않으면 높이 될 수가 없다. 마찬가지로 좋은 술, 훌륭한 안주가 있다 해도 먹어보지 않고는 그 맛을 알 수가 없고, 훌륭한 도가 있다 할지라도 배우지 않으면 공적을 달성시킬 수가 없다. 따라서 배우고 나서야 부족함을 알 수 있고, 가르쳐 본 이후에야 자기 학문이 깊지 못함을 알게 된다.

 부족함을 알기 때문에 스스로 부끄러워하면서 더욱 힘쓰게 되고, 자기 학문이 충분하지 못함을 알기 때문에 모든 스승을 찾아다니며 더욱 익히게 되는 것이다. 이로 말미암아 보건대 가르침과 배움이란 서로 길러주는 것[敎學相長]이다.

 자하子夏가 시詩에 대해 물었다가 하나를 배우고 둘을

알게 되자 공자는 이렇게 칭찬하였다.

"나를 일으켜 주는 자가 바로 너로구나! 비로소 더불어 시를 논할 만하도다."

공자는 어지간한 영걸에 비해 훨씬 어질고 성덕이 갖추어져 있던 분이다. 제자들은 그의 밝은 빛을 입고 더욱 그 덕이 빛나게 된 것이다.

시詩에는 이렇게 말하였다.

날로 달로 성취하네! [卷三]

독약도 오래 먹으면 죽지 않는다

 남묘씨南苗氏가 사는 곳에 이상한 짐승의 가죽이 있다. 개나 양의 가죽과 다를 바 없으나 사람에게 이를 먹이면 독약을 먹은 것처럼 죽는다. 그러나 오랫동안 먹으면 체질이 바뀌고 습관에 따른 본성도 바뀐다. 무릇 미친 자는 스스로 자신의 몸을 뜯어먹되 그것이 가죽이 아니라는 것을 모르고, 흙을 먹으면서 그것이 밥이 아니라는 것을 모른다. 이처럼 초楚나라 사람으로 미친 자는 초나라 말을 하고, 제齊나라의 미친 자는 제나라 말로 중얼거린다. 이는 습관이 그렇게 든 때문이다.

 이처럼 사람의 습관이란 작으나 드러나고, 깊어서 고쳐지지 않는다. 뼛속 깊이 박혀 있고, 아교를 칠한 것처럼 굳어 있다. 이로 인해 군자는 배우기에 힘쓰는 것이다.

 시詩에는 이렇게 말하였다.

훌륭하신 군자를 뵈옵고 나니,
덕스러운 그 음성 크고 굳도다. [卷四]

누에고치는 실을 뽑기 위한 것이지만

누에고치란 본래 실을 만들기 위한 것이지만 여공女工이 불을 지펴 삶아 내어 실을 뽑는 공정을 거치지 않으면 실을 얻을 수 없다. 달걀의 본성은 병아리를 얻기 위한 것이지만 좋은 어미 닭이 잘 품어 긴 나날을 안고 있지 않는다면 병아리로 태어나지 못한다.

마찬가지로 사람의 본성은 착한 것이나 명왕明王이나 성주聖主가 잘 붙들어 주고 이를 도로써 감싸주지 않는다면 군자로 성장할 수 없는 것이다. 시詩에

> 이렇게 많은 백성 낳아 놓고서,
> 믿음성이 없으니 어찌 할거나.
> 처음엔 착하지 않은 자 없더니만,
> 끝까지 잘하는 이 드물도다

라 하였으니, 이는 오직 명왕이나 성주의 가르침을 받은 후라야 끝까지 선을 행할 수 있다는 뜻이다.[卷五]

하늘이 저토록 높기 때문에

 하늘이 그렇게 높으므로 해와 달이 빛을 발할 수 있는 것이요, 땅이 그렇게 두터우므로 산과 언덕이 그 이름을 얻을 수 있는 것이며, 윗사람이 그 길을 설치해 놓음으로써 온갖 일이 차례를 얻게 되는 것이다.

 주周나라의 도가 약해진 이래로 왕도王道가 폐하여 흥기할 줄 모르고, 예의가 끊어져 이어지지 못하고 있다. 또 진秦나라 때에 예와 의를 그르다 하고, 시서詩書를 파기하며, 옛것을 소홀히 여기고 성스러운 도를 크게 멸하여 오로지 구차하고 망령된 일만을 하게 되자 이익을 탐하는 것이 풍속이 되고, 죄를 고자질하고 붙들어 가는 것으로 교화를 삼으니 천하에 대란이 일어나게 되었다. 이에 전쟁이 불길처럼 일어나고 백성들이 밖에서 별과 이슬에 맞아 사니 서로 빼앗고 밀치고 뜯어내는 것이 습관이 되고 말았다. 이렇게 성왕의 빛으로부터 오랫동안 떨어져 살면서 인과 의라는 도는 본 일도 없고, 예와 의라는 풍속은 받아 본 적도 없게 되니 이 까닭으로 시끄럽게 떠들기만 할 뿐 예는 없고, 정숙과 공경이란 느리고 더뎌 위협과 무력만을 가까이 하였으며, 망녕되게 사람을 아첨꾼으로 만들어 환란을 피하면 그만이라는 생각을 갖게 하였다. 이것이 곧 다스림을 어렵게 만든 원인이다.

사람에게는 여섯 가지 기본적인 욕구가 있다. 즉, 눈으로는 좋은 색깔을 보기를 원하고, 귀로는 좋은 음악을 듣기를 바라며, 코로는 좋은 향내를 맡기를 원하며, 입으로는 달고 맛있는 것을 먹기를 바란다. 또 육체와 사지는 고된 일을 하지 않고 편안하기를 바라고, 옷은 무늬 있는 비단이나 가볍고 따뜻한 것을 입기를 바란다.

이 여섯 가지는 백성의 육정六情으로서 이를 충족시켜 주지 않으면 난이 일어나고, 원하는 바를 따라주면 빛나는 세상이 될 것이다. 따라서 훌륭한 임금은 백성을 교화함에 있어서 반드시 그들의 정서를 바탕으로 하되 예禮로써 이를 절제할 수 있도록 해주며, 그들의 욕구를 들어주되 의義로써 절제할 수 있도록 해주며, 의는 단순히 하여 갖추어 주고 예는 쉽게 하여 본받도록 하되 정서와 동떨어짐이 없게 한다. 그래야 백성들이 그의 명령을 신속히 따른다.

공자孔子는 도란 쉽게 행할 수 있게 해야 한다고 알았기 때문에 이렇게 말한 것이다.

"시詩에

백성은 쉽게 행할 수 있게 해주어라

하였으니, 이는 헛된 말이 아니로다."[卷五]

쪽풀에는 쪽색이 들어 있다

 쪽풀에는 쪽색이 들어 있다. 그러나 이를 옷감을 물들이는 데에 쓰면 그 색깔이 쪽보다 더 푸르다. 땅에는 누런색이 있다. 역시 이를 옷감에 물들이면 땅보다 더 누렇다. 쪽의 푸른색과 땅의 누런색은 가히 빌려 쓸 수 있는데 인의仁義의 일이라고 해서 어찌 빌려 쓸 수 없겠는가?

 동쪽 바다에 물고기가 있으니 이를 접鰈이라 한다. 그 물고기는 눈이 한쪽에 몰려 있기 때문에 두 마리가 눈을 맞대어야 다닐 수 있다. 그 짝이 없이는 움직이지 못한다. 또 북쪽에 짐승이 있으니 그 이름을 누婁라 한다. 서로 교대로 하나가 풀을 뜯는 동안 하나는 적의 침입을 경계해 준다. 그 짝을 얻지 못하면 배를 채울 수 없다. 남방에 새가 있으니 그 이름을 겸鶼이라 한다. 두 마리가 날개를 같이 하여야 날 수 있고, 그 짝을 얻지 못하면 움직이지를 못한다.

그리고 서쪽에 짐승이 있으니 궐蹶이라 한다. 앞다리는 쥐와 같고 뒷다리는 토끼와 같으며 좋은 풀을 만나면 이를 공공거허蛩蛩距虛에게 먹여준다. 그의 본성이 공공거허를 좋아하는 것이 아니라 그의 등에 올라타야 이동할 수 있기 때문이다.

새나 짐승, 물고기도 이처럼 서로 의탁해서 살거늘 하물며 만승의 임금으로서 홀로 천하의 영웅 준사의 힘을 빌려 그들과 짝을 이룰 줄 모르니 이 어찌 잘못되고 한탄스러운 일이 아니겠는가?

그러므로 밝은 이가 밝은 이를 부축하면 하늘에도 오를 수 있고, 밝은 이가 눈먼 이를 부축하면 그 사람의 집까지 데려다 줄 수 있으나, 서로 장님인 사람이 서로를 부축하면서 담장이나 나무에 부딪치지 않거나 우물이나 구렁텅에 빠지지 않는다면 그나마 다행으로 여겨야 한다고 말하는 것이다.

시詩에

> 저리도 불순한 악한 저 사람,
> 나쁜 짓만 골라서 하고 있네.

라 하였으니, 이는 어두운 길을 가고 있음을 말한 것이다.
[卷五]

도의 은택이 맑은 생명에게 흘러

"도道란 무엇인가?"

"임금이 이끄는[道, 導] 바이다."

"그렇다면 임금[君]이란 무엇인가?"

"무리짓다[群]는 뜻이다. 천하 만물을 위해 그 해로움을 제거해 주는 자가 곧 임금이다."

"그럼 왕王이란 것은 무엇인가?"

"간다[往]라는 뜻이다. 천하가 그에게 몰려가게 하는 자를 일컬어 왕이라 한다."

"생명을 잘 길러 주기 때문에 사람들이 이를 존경하는 것이요, 사람을 잘 다스려 변별하므로 사람들이 그를 편안히 여기고, 사람들이 각자 할 일을 잘 만들어 주기 때문에 그를 친하게 여기며, 사람들이 잘 꾸미고 살 수 있게 하기에 그를 즐거움을 주는 자로 여기는 것이다.

이 네 가지 원칙을 잘 갖추게 되면 천하가 그에게 찾아

몰려들 것이며, 이 네 가지 원칙을 갖추지 않으면 천하가 그를 버리고 떠날 것이다. 이처럼 그에게 몰려가는 것을 왕王[往]이라 하고, 그에게서 떠나가는 것을 망亡이라 하는 것이다. 그러므로 도가 있으면 나라가 있고, 도가 망실되면 나라도 망하고 만다.

무릇 공상工商을 잘 살피고, 농업을 일으키며, 도적이 없도록 조심하고, 간악한 무리를 제거해 주어야 한다. 이렇게 함으로써 생육이 이어지게 되는 것이다. 천자는 삼공三公을 두고 제후는 하나의 재상을 두며, 대부는 천관擅官을 두고, 사士는 그 맡은 직무를 지키게 되니 이는 어느 하나 다스리는 이치를 위한 것이 아님이 없다. 이렇게 함으로써 그 다스림이 변별되는 것이다.

덕을 판별하여 그 차례를 정하고, 능력을 헤아려 그에 맞는 관직을 주며, 어짊에 따라 삼공이나 제후로 봉하고, 또는 대부로 삼는 것이다. 이것이 바로 그들의 자리를 만들어 주는 것이다. 또 관과 고깔, 의상을 잘 제정하여 화려한 보불이라는 무늬, 각종 장식의 조각과 모양에는 모두 등급과 차서가 있도록 하니, 이렇게 함으로써 그들이 나름대로 꾸밀 수 있도록 해주는 것이다.

그러므로 천자로부터 서인에 이르도록 그 능력에 맞게 하고, 그 뜻을 얻도록 하며, 자기 맡은 일에 안락함을 맛보도록 해야 하는 것이니 그렇게 되면 모두가 공동체가 되는 것이다. 각종 무늬의 옷이 다른 이유와, 각종 진귀한 음식의 차이도 성인이 현명함과 어리석음, 귀함과 천함을 밝히고 구분하려고 만들어 놓은 것이다.

따라서 도가 제자리를 얻으면 은택이 많은 생명에게 흘러 그 복은 왕공에게로 돌아간다. 군생群生에게 흘러들면 아랫사람들이 편안하고 화목해지며, 복이 왕공에게 돌아가면 윗사람이 존경을 받고 영화를 얻게 되며, 백성은 모두가 편안하고 화목한 마음을 품고 윗사람을 모시는 것을 즐거워하게 된다.

무릇 이를 일컬어 아래가 다스려져 위에 통한다고 하는 것이다. 아래가 다스려져 위로 통하게 되면 이로 말미암아 칭송의 소리가 흥하게 되는 것이다."

시詩에는 이렇게 말하였다.

> 내리시는 복 크고 크도다.
> 제사의 위엄 절도 있도다.
> 이미 취하고 또 배도 부르니,
> 복록이 이렇게 겹쳐 내리네. [卷五]

변론에도 급수가 있다

 천하의 변론辯論에는 다섯 가지의 급수가 있는데 그 중에서 언사言辭로 하는 변론이 가장 낮다.
 변론이란 다르고 같음을 구분하여 서로 해害함이 없도록 하고, 서로 다른 견해에 순서를 정하여 어그러짐이 없도록 하며, 공론公論을 빌려 뜻을 관통시켜 말하고자 하는 바를 드러내어 밝히되 사람으로 하여금 미리 알아낼 수 있도록 하고, 서로 미혹한 것에 헛된 힘을 쏟는 일이 없도록 해주어야 하는 것이다. 이렇게 함으로써 변론을 하는 자는 그 지키는 바를 잃지 않고, 그 변론에서 이기지 못한 자라 할지라도 무엇인가 얻는 바가 있게 되는 것이다. 때문에 변론은 가히 볼 만한 것이라고 하는 것이다. 무릇 수식만 번거롭게 하여 먼 근거를 갖다대고, 말을 잘 꾸며 서로 어그러지게 하며, 비유만 자주 들어 말을 바꾸며, 해당된 일과 먼 것을 들춰내어 본래의 뜻으로 돌아갈 수 없게 한다면 논변이 그럴듯하게 진행된다 해도 뒤에 손해가 생기고 만다. 무릇 그 뜻하는 바를 바르게 소통시키지 못하고 이해도 하지 못하는 것을 은隱이라 하고, 엉뚱한 뜻이나 해당 사항의 일을 벗어나는 것을 휘諱라 하며, 거의 비슷하나 곧 무너질 듯한 논거를 대는 것을 이移라 하고, 가장자리만 거론하여 그릇된 말을 내세우는 것을 구苟라 한다.

이 네 가지는 하지 말아야 하는 것이며, 그 때문에 논리란 함께 볼 수 있는 것이어야 한다.

또한 은, 휘, 이, 구는 말로 경쟁을 일삼다가 뒤에 환난을 만나게 되는 것으로서 군자에게 해가 되지 않는 것이 없다. 이 때문에 군자라면 그런 일은 하지 않는 것이다.

논어論語에 "군자는 그 말에 있어서 구차스럽게 변명함이 없을 따름이다"고 하였다.

시詩에는 이렇게 말하였다.

> 쉽게 말하지도 말며,
> 구차스럽게 변명하지도 말라. [卷六]

세 종류의 위엄

 위엄威嚴에는 세 종류가 있다. 도덕道德의 위엄, 포찰暴察의 위엄, 그리고 광망狂妄의 위엄이 그것이다. 이 세 가지 위엄은 잘 살펴보아야 한다.

 "그러면 도덕의 위엄이란 무엇인가?"

 "예법과 음악은 잘 닦여 있고, 분수에 맞추며, 백성을 부림에는 때가 있고, 사랑과 이익은 형벌에 맞게 되어 있는 것, 이렇게 되어 백성은 임금을 제왕帝王처럼 귀하게 여기고, 부모처럼 친히 모시며, 신명神明을 대하듯 두려워한다. 그러므로 상賞을 쓰지 않아도 백성은 근면해지고 벌을 가하지 않아도 행동에 위의가 있게 되나니 이를 일컬어 도덕의 위엄이라 한다."

 "포찰의 위엄이란 무엇인가?"

 "예법과 음악이 닦여져 있지 않고, 분수에 맞지도 않으며, 백성을 부림에도 때가 없고, 사람을 사랑하고 이롭게 하는 데는 형법에 맞지 않는다. 그러면서 잘못을 금하는 데에는 포악하고 복종하지 않는 자를 죽이는 데에는 물샐 틈 없다. 내리는 형벌은 틀림이 없고, 주살誅殺에는 빈틈이 없어 어둠 속의 번갯불 같고 담장으로 누르는 것과 같다. 그런 백성은 협박하면 두려움부터 느끼고, 태만하게 두면 윗사람에게 오만하게 굴고 구속하면 몰려들고 멀리하면 흩어지니, 이를 형벌로 겁을 주거나 주살로 떨쳐 세우지 않으면 백성들을 다스려 낼 수가 없게 된다. 이런 경우를 포찰의 위엄이라 한다."

"광망의 위엄이란 무엇인가?"

"사람을 사랑하는 마음이 조금도 없고, 사람을 이롭게 하고자 하는 일도 없으며, 날로 사람의 도를 어지럽히고, 백성이 시끄럽게 굴면 마구 잡아다가 형벌로 지진다. 사람의 마음과 화합하지도 않고 천리를 어그러뜨리나니 이 까닭으로 수재나 가뭄이 때 없이 일어나고, 곡식이 제대로 여물지도 않는다. 그렇게 되면 백성은 위로는 폭란의 두려움에 곤액을 당하고 아래로는 의식衣食의 문제에 궁함을 당하여 근심과 슬픔을 어디에 호소할 곳도 없게 된다. 그런 속에서 서로 당을 지어 분함과 괴로움에 윗사람을 이반하게 되는 것이니, 이렇게 되면 뒤엎음과 멸망은 서서 기다려야 할 것이다. 이것이 곧 광망의 위엄이다. 무릇 도덕의 위엄은 무리를 모으고 강함을 성취하지만 포찰의 위엄은 위험과 약함을 초래하고, 광망의 위엄은 멸망만을 가져오는 것이다. 따라서 위엄이란 이름은 같지만 길흉의 차이는 이토록 먼 것이다. 때문에 잘 살펴보지 않으면 안 된다."
시詩에는 이렇게 말하였다.

> 두렵고 겁나나니 저 하늘이여,
> 이렇게 큰 재앙을 내리시다니.
> 우리는 기근에 살길이 없어,
> 뿔뿔이 흩어져 떠돌고 있네. [卷六]

헐렁한 옷에 넓은 띠를 두르고

 조보造父는 천하에서 말 잘 모는 사람으로 손꼽히지만 수레와 말이 없다면 자기의 능력을 표현할 방법이 없고, 후예后羿는 천하에서 가장 활 잘 쏘는 사람이지만 활과 화살이 없다면 역시 자기의 기교를 드러내 보일 방법이 없다. 마찬가지로 저 훌륭한 대유大儒는 천하를 조율하여 통일시키는 사람이지만 백 리의 땅도 없다면 역시 그 공을 펴 보일 수 없다.

 그러나 수레가 견고하고 말이 훌륭한데도 능히 천리를 몰지 못한다면 이는 조보가 아니요, 활과 화살이 잘 다듬어졌는데도 멀리 미세한 과녁을 맞히지 못한다면 역시 후예가 아니다.

 마찬가지로 백리의 땅을 가지고도 능히 천하를 조화 통일시키고 사방의 오랑캐를 제압하지 못한다면 이는 대유라 할 수 없다. 저 훌륭한 대유라면 비록 궁벽한 시골의 누추한 집에 살고, 송곳 꽂을 땅 하나 없다 해도 왕공일지언정 그와 이름을 다툴 수 없고, 백 리의 땅밖에 갖지 않았다 해도 천 리의 나라가 이와 승리를 다투지 못하며, 채찍과 매로 온 나라를 폭력 속에 몰아넣어 천하를 하나같이 부린다 해도 꺾을 수 없는 것, 이것이 바로 대유의 공훈이다.

그들의 언어는 유별에 맞고, 행동은 예에 맞으며, 일을 처리하고 나서는 후회가 없으며, 검증과 응변은 지극히 합당하며, 시류에 잘 맞추고, 세태에 잘 적응하며, 천변만화할지라도 그 도는 오로지 하나이다. 이것이 곧 대유가 고려하는 점이다.

그러므로 세상에는 속인俗人, 속유俗儒, 아유雅儒, 대유大儒의 구분이 있는데 귀로는 학문을 듣지 못하고 행동에는 정의가 없으며, 미혹에 빠져 부와 이익이 곧 융성인 줄 아는 것이 곧 속인이다.

그런가 하면 헐렁한 옷에 넓은 띠를 두르고 선왕先王의 법을 대략 알며, 난세에도 만족하고, 잘못되고 잡박한 학술을 믿으며, 옷차림과 언행이 세속의 흐름에 휩쓸리면서도 그것이 잘못된 줄을 모르며, 담론하는 것들이 노자老子나 묵자墨子의 무리와 다를 바가 없으면서도 그 구분을 모르는 경우를 곧 속유라고 할 수 있다.

또, 선왕을 법받아 제도를 통일하고, 언행에 큰 법이 있으나 법교法敎로서 미치지 못하는 바에 대해서는 이를 구제하지 못하며, 들은 바대로 실행하지도 못하며, 대신 아는 것은 안다고 하고 모르는 것은 모른다고 하며, 안으로는 자신을 속이지 않고 밖으로는 남을 속이지 않으면서, 어진 이를 존중하고 법을 공경하되 감히 게으르거나 오만하게 굴지 않는 것은 곧 아유라고 할 수 있다.

그러나 선왕을 법받고 예와 의에 근거하여 얕은 것으로 넓은 것을 잡고, 하나로 만 가지 행동의 표준을 삼으며, 진실로 인의에 같이 하며, 비록 조수鳥獸에 대한 것일지라도 그 흑백을 가려낼 줄 알며, 기이한 물건과 변괴스러운 일에 대해서는 그것이 듣거나 본 적이 없다 해도 한 특징만 보고도 그 전체 분류의 내용을 들어 그에 응하며, 의심이 없고, 법에 의지해서 이를 헤아리며, 맞게 행하기를 마치 부절符節을 맞춘 듯이 하는 경우가 바로 대유의 행동이다.

그러므로 임금이 속인을 등용하면 만승지국일지라도 망하고, 속유를 들어 쓰면 만승지국이 존속할 수는 있고, 아유를 거용하면 천리지국 정도는 안녕을 얻을 수 있으며, 대유를 등용하면 백 리의 땅도 오래 지속시킬 수 있으며 나아가 삼 년 정도면 천하 제후를 신하로 삼을 수 있다. 그러나 만승지국에서 이런 대유를 쓴다면 하루아침에 모든 것을 안정시킬 수 있다.

시詩에

주나라가 비록 오래된 나라라 하나,
받자온 천명은 오히려 새롭도다.

하였으니, 문왕文王 같은 이는 역시 대유라 이를 수 있겠다.
[卷五]

네엣_

공자와 그 제자들

배움이 즐거워 혈색이 좋아졌습니다

　민자건閔子騫이 부자夫子[공자]를 찾아와 가르침을 받을 때, 처음에는 풀죽도 제대로 먹지 못한 듯 아주 굶주린 기색이었다. 그러나 시간이 흐르자 점차 영양이 충분해진 것같이 혈색이 좋아졌다. 자공子貢이 이를 보고 물었다.
　"그대는 처음에는 주린 모습이더니 지금은 혈색이 좋습니다. 무슨 이유라도 있습니까?"
　"나는 원래 갈대가 우거져 있는 벽촌 출신으로서 처음 공자 선생님의 문하에 들어와서, 선생님께서 안으로 효를 어떻게 실천하며 밖으로 왕도를 어떻게 펴야 하는지를 들었을 때 마음속으로 그 즐거움이 대단하였었지요. 그러나 밖에 나갔다가 멋진 일산日傘에 펄럭이는 깃발, 눈부신 옷차림, 그리고 그 뒤를 수행하는 행렬, 고관대작의 화려함을 보고는 그것이 부러워 마음이 설렜지요. 이 두 가지는 나의 가슴속에서 서로 공격하여 감당할 수가 없었습니다.

그래서 그 때는 얼굴색이 주린 모습이었지요.

그러나 지금은 선생님의 가르침에 깊이 젖었고, 또한 여러 학우들의 도움으로 더욱 정진하여 안으로는 거취의 본뜻을 밝히 알게 되었고, 나가서는 훌륭한 고관대작의 일산과 깃발, 좋은 옷, 그 뒤를 따르는 수행들을 보면 그것이 오히려 단토壇土[그저 쌓아놓은 흙덩이]에 불과한 것임을 깨닫게 되었답니다. 그 까닭으로 이렇게 혈색이 좋아진 것입니다."

시詩에는 이렇게 말하였다.

>   자르듯이 다듬듯이, 쪼듯이 갈듯이!   [卷二]

땔나무 하러 갔던 두 제자

 공자의 제자 자로子路가 무마기巫馬期와 더불어 온구輼丘라는 산에서 땔나무를 하고 있었다. 그 때 진陳나라의 부자인 처사씨處師氏가 좋은 수레 백 승을 세워 놓고 큰 술자리를 펼쳐 놓고 있었다. 자로가 이를 보고 무마기에게 물었다.
 "만약 그대로 하여금 그대의 지식을 지금 수준에서 멈추게 하고, 능력도 더 이상 진전이 없게 하되, 저러한 부유함을 갖게 하는 대신에 선생님은 더 이상 만날 수 없게 한다면 그대는 택하겠는가?"
 이 말에 무마기는 하늘을 쳐다보고 크게 한숨을 짓고 낯을 땅에다 냅다 내동댕이치면서 이렇게 말하였다.
 "내 일찍이 선생님에게 이렇게 배웠소. '용사勇士는 그 머리가 잘려나가도 의를 잊지 않아야 하고, 지사志士와 인인仁人은 구렁텅이에 시신이 처박히는 일이 있더라도 그 뜻한 바를 잊지 않는다'고. 그대는 나를 알지 못하오?

나를 시험하려 드시오? 생각건대 방금 그대의 질문은 혹시 자신이 그렇게 되고 싶다는 뜻이 아닌지요?"

자로는 심히 부끄럽게 여기고는 나무지게를 지고 먼저 돌아와 버렸다. 공자孔子가 이를 보고 물었다.

"자로[由]야, 함께 가더니 어찌 너만 먼저 돌아왔느냐?"

"방금 저는 무마기와 함께 온구 아래로 땔나무를 하러 갔었습니다. 그 때 진나라의 부자 처사씨가 좋은 수레 백 승을 세워 놓고 큰 술자리를 펼쳐 놓고 있었습니다. 제가 이를 보고 무마기에게 이렇게 물었습니다.

'만약 그대로 하여금 그대의 지식을 지금 수준에서 멈추게 하고, 능력도 더 이상 진전이 없게 하되, 대신 저런 부유함을 갖게 하고 선생님은 더 이상 만날 수 없게 한다면 그대는 택하겠는가?'

그러자 무마기는 '내 일찍이, 용사는 그 머리가 잘려나가도 의를 잊지 아니해야 하고 지사와 인인은 구렁텅이에 시신이 처박히는 일이 있더라도 그 뜻한 바를 잊지 않는다고 선생님께 배웠소. 생각건대 방금 그대의 질문은 자신이 혹시 그렇게 되고 싶다는 뜻이 아닌가?' 하더이다. 이에 저는 심히 부끄럽게 여겨 먼저 돌아온 것입니다."

이 말을 듣고 공자는 거문고를 껴안고 연주하면서 이렇게 말하였다.

"시詩에 일렀지.

훨훨 나는 저 여새,
도토리나무 숲 속에 모여 앉았네.
나라 일이라 어쩔 수 없어,
이렇게 끌려오느라
기장씨도 못 뿌리고 떠나왔다네.
우리 부모 무얼 믿고 살아가시나.
아득히 높고 높은 푸른 하늘아,
그 어느 때 바로 될지
말 좀 해다오!

 나의 도가 실행되지 않는 것인가? 너로 하여금 그러한 것을 부러워하게 하였으니."[卷二]

너는 시에서 무엇을 배웠느냐?

　공자의 제자 자하子夏가 시詩 읽기를 다 마치자 선생님[공자]께서 물었다.
　"그래, 너는 시에서 무슨 큰 것을 배웠느냐?"
　"시는 무슨 일을 처리할 때는 그 이끌어줌의 밝기가 마치 해와 달의 광명과 같고, 반짝반짝 빛나기는 별들의 얽힘 같아서 위로는 요순堯舜의 도와 아래로는 삼왕三王의 의가 다 들어 있습니다. 저는 감히 이를 잊을 수 없습니다. 비록 초라한 오두막에 산다고 해도 거문고를 타면서 선왕의 풍모를 노래할 수 있게 되어 누가 옆에 있어도 즐거울 것이요, 아무도 없어도 즐거울 것이며, 또한 가히 발분하여 끼니까지 잊을 만큼 노력할 수 있을 것 같습니다. 시詩에

　　오두막집 초라해도,
　　즐겁게 살아가네.

> 옹달샘 끊이지 않으니,
> 굶주림이 즐거움일세!

라고 하였습니다."

그러자 선생님은 갑자기 얼굴을 바꾸면서 이렇게 말하였다.

"아! 너는 비로소 시를 말할 수 있는 정도가 되었구나! 그러나 너는 겉만 보았지 그 속은 아직 보지 못하고 있다."

옆에 있던 안연顔淵이 의아해서 물었다.

"겉을 다 보았다면 그 속은 또 어떤 것입니까?"

"문밖에서 들여다만 보고 직접 들어가지 않았다면 깊은 골방이나 다락 속에 무엇이 있는지 어찌 알겠느냐? 그러나 감추어진 것을 아는 것도 어려운 일은 아니다. 나[丘]는 일찍이 마음과 뜻을 다하여 그 속에 들어가 보았다. 앞에는 높은 언덕이, 그리고 뒤에는 깊은 골짜기가 있더라. 또렷하게 이미 그 속에 서 있어 보았단다. 그 속을 보지 않고는 그 정미精微함을 말할 수 없단다."[卷二]

술잔에 넘칠 정도의 물

자로子路가 옷을 잘 차려 입고 공자孔子 앞에 나타나자, 공자가 물었다.

"자로[由]야! 무엇을 위해 그리 잘 차려 입었느냐? 옛날 강물이 문수汶水에서 발원하는데 처음 시작 때는 족히 술잔에 넘칠 정도의 남상濫觴도 되지 못한다. 그러나 그 물이 강가의 나루에 이르면 배를 서로 묶어두지 않으면 바람도 피할 수 없고 나루를 건널 수도 없다. 이는 물이 많이 모였기 때문이 아니겠느냐? 지금 너의 옷차림이 그렇게 화려하고 얼굴색이 자신감에 넘쳐 있으니 천하에 누가 너에게 무엇인가 보태어 주려고 하겠느냐?"

이 말에 자로는 얼른 나가 옷을 갈아입고 다시 들어와서는 옷깃을 잘 여미며 공손한 태도를 취하였다. 그러자 공자가 다시 이렇게 일러주었다.

"자로야, 잘 기억해 두어라. 내 너에게 말해주마. 언어에 신중한 자는 떠벌이지 않으며, 행동에 신중한 자는 자랑하지 않는 법이다. 겉모습을 통해 자기가 잘났음을 알리려 하는 것은 소인의 행위이다. 따라서 군자는 아는 것을 안다고 하고 모르는 것은 모른다고 하는 것이다. 이것이 바로 언어의 요체이다. 그리고 할 수 있는 것은 할 수 있다고 하고 할 수 없는 것은 할 수 없다고 한다. 이것이 곧 행동의 요체이다. 요체만 말하게 되면 지知를 얻을 수 있고, 요체만 실행하게 되면 인仁에 도달할 수 있다. 지를 얻고 인에 도달하였다면 거기에 무엇을 더 보탤 것이 있겠느냐?"

시詩에 이렇게 말하였다.

> 탄생하신 시기도 늦지 않았고,
> 성스러운 그 덕은 해 돋듯 했네. [卷三]

가난을 부유함으로 여기려면

안연顔淵이 공자孔子에게 여쭈었다.

"저 안연은 가난을 부유함으로 여기고, 천함을 귀함으로 여기며, 용기 없음을 위엄으로 여기면서 선비들과 서로 교통하여 종신토록 환난이 없이 살고 싶습니다. 그렇게 살아도 될까요?"

"훌륭하다! 회回[안연]여. 무릇 가난을 부유함으로 여기려면 족함을 알아 욕심이 없어야 하고, 천함을 귀함으로 여기려면 사양하여 예를 갖출 수 있어야 하며, 용기 없음을 위엄으로 여기려면 공경을 실행하여 남에게 실수가 없어야 한다. 또 종신토록 환난을 없게 하려면 말을 잘 선택하여 내뱉어야 하는 것이다. 만약 너처럼만 한다면 그것이 곧 지극한 것이다. 옛날의 성인들조차도 단지 그렇게만 하였을 뿐이란다."[卷十]

훌륭한 신하의 조건

자공子貢이 훌륭한 신하에 대하여 묻자 공자孔子는 이렇게 말하였다.

"제齊나라에는 포숙鮑叔, 정鄭나라에는 자피子皮 같은 이가 있었지."

그러자 자공은 이의를 달고 나왔다.

"아닙니다. 제나라의 관중管仲, 정나라의 동리자산東里子産이겠지요."

공자가 다시 설명하였다.

"자산은 남을 추천하는데 뛰어났던 인물이지."

"그렇다면 어진 이를 추천하는 것이 어진 이보다 더 어질다는 말씀입니까?"

"어진 이를 알아볼 수 있는 것은 지智이며, 어진 이를 추천하는 것은 인仁이며, 어진 이를 끌어들이는 것은 의義이다. 이 세 가지를 갖추었다면 그밖에 다시 무엇이 더 필요하단 말이냐?"[卷七]

아래에 처한 자의 도리

공자孔子가 한가롭게 있는데 자공子貢이 곁에 모시고 있다가 여쭈었다.

"선생님! 남의 아래에 처하는 도리는 어떠해야 합니까?"

"훌륭하도다! 너의 질문이여. 남의 아래에 처하는 도는 마치 흙과 같을진저."

그런데 자공이 그 뜻을 미처 깨닫지 못하자 공자는 다시 이렇게 설명해 주었다.

"무릇 흙이란 이를 파 들어가면 좋은 샘을 얻을 수 있고, 여기에 오곡을 심을 수 있으며, 초목을 자라게 하고 새와 짐승, 물고기와 자라를 다 길러준다. 살아 있는 것은 세워주고 죽은 것은 받아주어 그 공이 많건만 말이 없어 두고두고 칭송을 받는다. 그러므로 능히 남의 아래가 되는 자는 이런 흙과 같을진저!"

"저 자공賜은 비록 민첩하지 못하나 이 말씀을 잘 섬기겠습니다."

시詩에는 이렇게 말하였다.

예의에 어긋남 하나도 없네. [卷七]

관 뚜껑을 닫아야 그치는 것이란다

공자孔子가 한가하게 있을 때 자공子貢이 옷깃을 여며 가지런히 하고 나서서 이렇게 말하였다.

"제가 선생님을 모신 지 꽤 여러 해가 되었습니다. 이제 재주도 고갈되고 지혜도 피폐해졌습니다. 학문에 힘을 쏟아도 더 이상 진보가 없습니다. 청컨대 쉬고 싶습니다."

"자공[賜]아! 그래 어떤 일을 쉬고 싶으냐?"

"임금을 섬기는 일을 쉬고 싶습니다."

"시詩에

이른 새벽부터 밤늦도록 힘써,
오로지 한 분만을 섬기었다네.

라 하여 임금을 섬긴다는 것이 이처럼 쉽지 않은 일인데 어찌 쉴 수가 있겠느냐?"

"그럼 어버이 섬기는 일을 쉬고 싶습니다."

"시에

> 좋은 효자 계속 이어,
> 길이 큰 복 누리리라.

하여 그 일을 함이 이와 같이 어려운데 어찌 쉽다는 말이냐?"
 "형제를 잘 받드는 일을 쉬고 싶습니다."
 "시에

> 아내도 자식도 한마음 한뜻,
> 슬과 금이 어울리듯 하려고 하면,
> 형제들이 먼저 모여 앉아서,
> 화목과 기쁨이 앞서야 하지.

라 하였다. 이런 일을 하기가 이처럼 어려운데 어찌 쉴 수 있다는 말이냐?"
 "그럼 농사짓는 일을 쉬고 싶습니다."
 "시에

> 낮에는 띠를 베고,
> 밤에는 새끼 꼬기.
> 어서 빨리 지붕 잇자.
> 씨 뿌릴 때 다가온다.

라고 하여 그 일이 이처럼 어려운데 어찌 쉴 수 있다는 말이냐?"

"군자도 역시 쉴 때가 있습니까?"

"관 뚜껑을 닫고 나야 쉬는 것이지. 이는 그 때가 어떻게 바뀌는지를 모르기 때문이다. 이를 일컬어 군자가 쉬는 것이라 하는 것이다. 그러므로 학문이란 끝이 없는 것으로 관 뚜껑을 닫아야 그치는 것이란다."

시에

> 날로 달로 나아가네

라 하였으니 이는 학문을 두고 이른 말이다.[卷八]

선생님의 거문고 소리가 탐랑사벽하다

 옛날 공자孔子가 거문고를 타고 있었는데 증자曾子와 자공子貢이 문에 기대어 듣고 있다가 곡이 다 끝나자 증자가 이렇게 말하였다.
 "아! 선생님의 거문고 소리는 거의 탐랑貪狼[탐욕스러운 이리]한 뜻과 사벽邪僻[사악하고 편벽함]한 행위의 느낌이 있구나. 어찌 그리 어질지 못하며 이익을 쫓아가기가 그리 심한고?"
 자공도 그렇다고 여겼으나 대답은 않고 안으로 들어갔다. 선생님이 보니 자공이 무엇인가 과실을 충간하고자 하나 어찌해야 좋을지 모르는 모습이기에 거문고를 놓고 기다렸다. 이윽고 자공이 증자가 한 말을 고하자 공자는 이렇게 감탄하였다.
 "아! 증삼曾參은 천하의 현인이로다. 음을 그렇게도 익히 알고 있구나! 방금 내가 탄 곡조는 쥐가 나와서 놀며 이리가 그 집에 나타나 대들보를 따라 살금살금 움직이다가 갑자기 사라지는 모습이었다. 그 모습이 눈을 증오스럽게 뜨고 등을 굽혀 무엇인가를 찾아도 얻지 못하는 그런 형상이었다. 그래서 내가 타는 소리가 그렇게 좋지 못하였던 것이다. 그런데 증삼이 나를 탐랑사벽하다고 하였으니 이 어찌 딱 맞춘 것이 아니겠는가?"

시詩에는 이렇게 말하였다.

집안에서 나는 음악소리건만,
그 소리 밖에까지 들려 나오네. [卷七]

좋은 옥은 열 길 흙으로 덮는다 해도

　공자孔子가 손님을 만난 다음 그 손님이 떠나자 안연顔淵이 이렇게 여쭈었다.

　"그 손님은 어진 분이시던가요?"

　"그 사람 마음은 원한에 찼더라. 그런데 그 입으로는 좋은 말만 하더라. 어진지 어떤지 나는 모르겠다. 그의 말을 다 모아봐도."

　이에 안연은 움츠려들면서 얼굴색이 변하였다. 공자가 다시 말을 이었다.

　"좋은 옥은 한 척尺밖에 안 될지라도 열 길의 흙으로 이를 덮는다고 해도 그 빛을 숨길 수 없고, 좋은 구슬은 한 촌寸일지라도 이를 백 길의 물 속에 넣어도 그 반짝거림을 감출 수 없는 것이다. 무릇 형태는 몸체이며 겉으로 드러난 색깔은 마음이란다. 아주 먼 관계 같지만 그렇게 얇은 차이란다. 진실로 온량溫良함이 그 가슴속에 있으면 눈까풀 사이에 그것이 드러나 보이게 마련이며, 흠이 그 속에 있다면 역시 눈까풀 사이에도 이를 감출 수 없는 것이란다."

시詩에는 이렇게 말하였다.

> 집안에서 울리는 그 음악소리,
> 그 소리 밖에까지 들려 나오네. [卷四]

어떠한 논쟁에도 화를 내면 진 것이다

　공자孔子가 계강자季康子의 집을 방문하였을 때였다. 자장子張과 자하子夏도 따라갔었는데 공자가 안으로 들어가고 나서 밖에 남은 둘 사이에서 언쟁이 벌어졌다. 그런데 그 쟁론이 해가 지도록 해결이 나지 않는 것이었다. 자하가 말문이 막혀 안색이 울그락붉으락 하는 데까지 이르고 말았다.

　그러자 자장이 이렇게 말하였다.

　"너는 선생님께서 토론을 벌일 때의 모습을 보지 않았느냐? 느린 말씨에 조용조용, 그리고 위엄스런 의표는 씩씩하였고, 먼저 침묵을 지킨 다음 나중에 말하며, 자기 의견이 옳았다고 하였을 때는 겸양을 보였다. 높고 높아 미더워 좋았고, 엄하고 분명하였다! 그 때문에 도는 그리로 귀결된다. 그러나 소인의 토론에는 오로지 자기 뜻만 고집하고, 남의 잘못만 들추어내며, 눈을 부릅뜨고 팔을 휘젓는다. 게다가 빠른 말투에 분수처럼 내뿜으며 침을 흘리고 눈은 붉어진다. 다행히 한 번 이기면 크게 웃어 남을 비웃고, 위의威儀를 부리나 고루固陋하며, 말하는 기세도 비속하다. 그래서 군자들은 그런 태도를 천하게 여기는 것이다."[卷九]

좌우명의 고사

 공자孔子가 주周나라 사당을 참관하게 되었는데 거기에 마침 의기欹器[기대어 세워 놓은 그릇]가 놓여 있었다. 공자가 사당지기에게 이렇게 물어 보았다.
 "이것이 무슨 물건입니까?"
 "이것은 유좌宥座라는 그릇입니다."
 "내 듣기로 유좌라는 그릇은 가득 차면 엎어지고 비우면 기대어 세워야 하며, 알맞게 채워야 비로소 바로 선다고 하던데 정말 그렇소?"
 "그렇습니다."
 공자는 자로子路를 시켜 물을 떠오게 하여 시험해 보았다. 과연 가득 차자 엎어졌고, 알맞게 부으면 바로 서며, 비웠더니 기대어야 서는 것이었다. 공자는 이를 보고 한숨을 쉬며 크게 탄식하였다.
 "아하! 어찌 가득 차고도 기울어지지 않는 것이 있으리요?"

자로가 곁에서 이를 듣고 물었다.

"감히 여쭙건대 가득 찬 것을 가졌을 때의 도는 무엇입니까?"

"지만지도持滿之道는 눌러서 덜어내는 길밖에는 없는 것 같다."

"그렇다면 덜어내는 데는 어떤 도가 있습니까?"

"덕행이 넓고 넉넉한 자는 이를 공경으로 지키고, 토지가 넓고 큰 자는 이를 검약으로 지키며, 자리가 높고 녹이 많은 자는 이를 겸비로 지키고, 많은 부하에 강한 무력을 가진 자는 이를 두려움으로 지키며, 총명과 예지가 있는 자는 이를 어리석음으로 지키고, 널리 듣고 기억을 잘 하는 자는 이를 얕다는 느낌으로 지키는 것이다. 무릇 이런 것이 곧 눌러서 덜어낸다는 뜻이다."

시詩에 이렇게 말하였다.

> 탄생하신 시기도 늦지 않았고,
> 성스러운 그 덕은 해 돋듯 했네. [卷三]

상갓집 개처럼 생겼더라

공자孔子가 위衛나라를 떠나 동문東門으로 가다가 고포자경姑布子卿을 만나게 될 것을 알고 제자들에게 이렇게 일렀다.

"애들아! 수레를 길가로 세워라. 어떤 사람이 올 것인데 그가 틀림없이 나의 관상을 볼 것이다. 그가 하는 말을 잘 적어 두렴."

고포자경 역시 그의 제자들에게 이렇게 말하였다.

"애들아! 수레를 한쪽으로 잘 치워라. 장차 성인이 여기에 나타날 것이다."

공자가 수레에서 내려서 걷자 고포자경이 그를 맞아서는 앞으로 오십 보 걸어서 그를 살펴보고, 다시 뒤로 오십 보 걸으며 그를 살펴보는 것이었다. 그리고 나서는 자공子貢을 돌아보며 물었다.

"이 사람은 어떤 사람인가?"

"저의 선생님이신 노魯나라의 공구孔丘라는 분입니다."
"이 사람이 바로 노나라의 공구냐? 나도 익히 들었지."
"우리 선생님 관상이 어떻습니까?"
"요堯임금의 이마에 순舜임금의 눈매, 그리고 우禹임금의 목에, 고요皐陶 같은 입이로다. 앞에서 이를 보면 훌륭하고 늠름하여 왕자王者가 될 상이로다. 그러나 뒤에서 보면 높은 어깨에 약한 등뼈로 보아 이 네 성인에 미치지 못한다."

자공이 실망한 모습을 보이자 고포자경이 물었다.

"너는 왜 그런 근심의 빛을 띠느냐? 얼굴이 움푹 패였으나 추하지는 않고, 입이 튀어 나왔으나 마구 생기지는 않았으니 멀리서 그를 바라보면 마치 비쩍 마른 상갓집 개 같구나. 그런데 너는 무얼 근심하느냐?"

자공이 이 말을 공자에게 알리자 공자는 아무 것도 그르다 하지 않더니 유독 상갓집 개 같다는 말에는 수긍하지 않은 채 이렇게 말하였다.

"내가 감히 무엇을 어쩌리요?"

자공이 여쭈었다.

"얼굴이 움푹 패였으나 추하지 않고, 입이 튀어 나왔으나 못생긴 것은 아니라는 것에 대해서는 저도 압니다. 그런데 상갓집 개 같다는 말에 대해서는 수긍하지 않는 것은 무슨 이유입니까?"

그러자 공자가 이렇게 말하였다.

"자공賜아! 너는 상갓집 개를 보지 못하였느냐? 그 주인이 염을 끝내고 관을 갖추어 그릇을 펼쳐 놓고 제사를 올릴 때, 사방을 둘러보아도 누구 하나 그 개를 거들떠보아주는 자가 없다. 이처럼 선비가 무엇인가를 베풀어보려고 해도 위로는 훌륭한 임금이 없고, 아래로는 어진 선비나 방백方伯이 없으면 왕도는 쇠하고 정교는 무너지며, 강한 자는 약한 자를 능멸하고, 많은 무리는 적은 무리에게 포악하게 굴며, 백성은 제멋대로 놀아 기강을 세울 수가 없게 된다. 나를 그런 사람이라 하였으니 진실로 내가 하고 싶은 일을 내 감히 어찌겠느냐?"[卷九]

두려워할 어버이와 모실 임금이 있다면

자하子夏가 증자曾子의 집을 방문하였다. 증자가 자하에게 음식을 권하였다.

"들어와 잡수시오."

"이는 나라의 것을 낭비하는 것이 아닙니까?"

"군자에게는 세 가지 낭비가 있는데 음식 소비는 그에 포함되지 않습니다. 또 군자에게는 세 가지 즐거움이 있는데 종고鍾鼓나 금슬琴瑟의 음악은 그에 포함되지 않습니다."

"감히 묻건대 세 가지 즐거움이란 무엇입니까?"

"두려워할 어버이가 계시고, 가히 모실 임금이 있으며, 남겨 줄 자식이 있는 것, 이것이 첫 번째 낙이요. 다음으로 간언할 어버이가 계시고, 버리고 떠날 수 있는 임금이 있으며, 화를 낼 자식이 있는 것, 이것이 두 번째의 낙입니다. 그리고 깨우쳐 줄 임금이 있고, 도움이 될 만한 벗이 있는 것, 이것이 세 번째의 낙입니다."

"그렇다면 세 가지 낭비라는 것은 무엇입니까?"

"젊어서 배우고도 나이 들어 망각하는 것이 첫 번째의 낭비이며, 임금을 섬겨 공이 있다고 해서 경솔하게 자부심을 갖는 것이 두 번째 낭비입니다. 그리고 오랫동안 사귀던 친구를 중간에서 절교하게 되는 것이 세 번째의 낭비입니다."

"훌륭합니다. 삼가 이 한 마디를 잘 섬기는 것이 종신토록 문장을 외우는 것보다 나을 것이며, 또 훌륭한 선비 하나 섬기는 것이 만민을 다스리는 공로보다 나으리라 봅니다. 그러니 사람으로서 알아두지 않으면 안 되겠군요. 제가 일찍이 우둔하여 씨를 제대로 뿌리지 않아 농사지었던 밭에서 일 년 동안 아무 것도 수확하지 못한 적이 있습니다. 땅도 이처럼 틀림이 없거늘 하물며 사람에게 있어서야 말할 나위가 있겠습니까? 사람에게 진실로 대해 주면 비록 소원한 관계라 할지라도 틀림없이 친밀해질 것이며, 사람에게 거짓으로 한다면 아무리 친한 친척일지라도 멀어지고 말 것입니다. 무릇 진실과 진실의 관계는 아교나 옻칠과 같으며, 거짓과 거짓의 관계는 얇은 얼음이 한낮의 햇볕을 쬐고 있는 것과 같습니다. 그러니 군자가 어찌 유념하지 않을 수 있겠습니까?"

시詩에는 이렇게 말하였다.

> 신께서 이 말씀 들으시면,
> 화목과 평화를 주시리로다. [卷九]

그 어떤 성인도 스승이 있었다

노魯나라 애공哀公이 자하子夏에게 물었다.

"반드시 배운 이후라야 나라를 편안히 하고 백성을 보호할 수 있습니까?"

"배우지 아니하고 안국보민安國保民한 경우는 없었습니다."

"그렇다면 오제五帝도 스승이 있었습니까?"

"제가 듣기로 황제黃帝는 대분大墳에게, 전욱顓頊은 녹도祿圖에게, 제곡帝嚳은 적송자赤松子에게, 요堯는 무성자부務成子附에게, 순舜은 윤수尹壽에게, 그리고 우禹는 서왕국西王國에게, 탕湯은 대자상貸子相에게, 문왕文王은 석주자사錫疇子斯에게, 무왕武王은 강태공姜太公에게, 주공周公은 괵숙虢叔에게, 중니仲尼[공자]는 노담老聃에게 각각 배웠다고 합니다.

이 열 한 사람의 성인이 이런 스승을 만나지 못하였더라면 그 공적과 명예를 천하에 드러내 보일 수 없었을 것이며, 그 이름과 호號도 후세에 전하지 못하였을 것입니다."

시詩에는 이렇게 말하였다.

> 어기지도 잊지도 않으시면서,
> 선왕이 남긴 법장 열심히 좇네. [卷五]

자산이 죽자 천하가 통곡하다

계손씨季孫氏가 노魯나라를 다스릴 때에 많은 사람을 죽이기는 하였지만 그것은 반드시 그 죄에 합당하였으며, 또 많은 사람들에게 형벌을 내렸지만 그 역시 그 잘못에 합당한 것이었다. 그러나 자공子貢은 이를 보고 이렇게 평하였다.

"포악하도다! 그의 다스림이여."

계손씨가 반박하였다.

"나는 사람을 죽여도 그 죄에 합당하게 하였고, 사람에게 형벌을 내려도 그 잘못에 맞게 하였소. 그런데 선생께서 나를 포악하다고 하시니 이는 무슨 이유요?"

자공은 이렇게 설명하였다.

"그대는 어찌 자산子産이 정鄭나라 다스릴 때처럼 하지 못합니까? 그가 정나라를 다스린 지 일 년이 지나자 벌받을 허물을 짓는 자가 줄어들었고, 이 년이 지나자 죽음을 당할 죄를 짓는 자가 없게 되었으며, 삼 년이 지나자 옥에는 간힐 사람이 없게 되었습니다. 그래서 백성들은 그에게 몰려들기를 마치 물이 낮은 곳으로 흐르듯 하였으며, 그를 아끼기를 마치 효자가 어버이 공경하듯 하였습니다. 그러한 자산이 병이 들어 장차 죽음에 이르게 되자 온 나라 사람들이 모두 슬픈 통곡소리를 내며 '자산이 죽고 나면 누가 다시 그렇게 해줄 수 있을꼬?' 하였습니다. 마침내 그가 죽음을 면하지 못하고 운명하자, 사대부들은 조정에서, 상인들은 저잣거리에서, 농부는 들에서 울음을 터뜨렸습니다. 자산의 죽음을 곡하는 자들은 마치 자신의 부모를 잃은 듯이 슬퍼하였지요. 그런데 들자하니 그대께서 병이 들었다는 소문이 나자 온 나라 사람들이 모두 환호성을 올렸는데, 다시 살아났다는 소리를 듣고는 그만 모두가 두려움에 떨었다고 들립디다. 이처럼 죽음을 기뻐하고 살아남을 겁낸다니 이것이 포악을 증명하는 것이 아니고 무엇이겠습니까? 나 자공[賜]이 듣건대 법에만 의탁해서 다스리는 것을 포暴라 하고, 경계시키지도 않고 잘 되기를 바라는 것을 학虐이라 하며, 가르치지도 않고 벌을 내리는 것을 적賊이라 하고, 자신이 가진 것으로 남을 이기려고 하는 것을 책責이라 한다 하였습니다.

책은 몸을 잃게 하고, 적은 신하를 잃게 하며, 학은 정치를 잃게 하고, 포는 백성을 잃게 하지요. 또 제가 듣기로 윗자리에 있는 자가 이 네 가지를 행하고도 망하지 아니한 경우는 없다고 하였습니다."

이에 계손씨는 머리를 조아리며 이렇게 사과하였다.
"삼가 명령을 듣겠나이다."

시詩에는 이렇게 말하였다.

> 온화한 얼굴빛에 웃음 띤 모습,
> 화도 내지 않고 가르쳐만 주시네. [卷三]

흙 한줌 보탠다고 태산이 높아지겠습니까?

제齊나라 경공景公이 자공子貢에게 물었다.
"선생께서는 누구를 스승으로 삼고 계십니까?"
"노魯나라 중니仲尼이십니다."
"중니는 어진 사람입니까?"
"성인이십니다. 어찌 어진 정도에 그치겠습니까?"
"그의 성스러움이란 어떤 것입니까?"
"모릅니다."
이 말에 경공은 갑자기 얼굴색을 바꾸었다.
"처음에는 성인이라 해놓고 지금 와서 모른다고 하시니 어찌 된 것입니까?"
이에 자공은 이렇게 설명하였다.
"저는 종신토록 하늘을 이고 살지만 하늘이 얼마나 높은지 알지 못합니다. 또 종신토록 땅을 밟고 살지만 땅이 얼마나 두터운지를 알지 못합니다. 제가 중니를 모시는 것은 비유컨대 마치 목마를 때 작은 주전자나 국자를 들고 강이나 바다에 가서 이를 떠 마시되 배가 부르면 떠나는 것과 같으니, 어찌 그 강이나 바다의 깊이를 알 수 있겠습니까?"

"선생의 자랑은 너무 심한 것 아니오?"

경공이 이렇게 빈정대자 자공은 다시 설명하였다.

"제가 어찌 감히 심한 말을 할 수 있겠습니까? 오히려 그에 미지지 못한다고 염려할 뿐입니다. 제가 중니를 자랑하는 것은 비유컨대 두 손으로 흙을 퍼서 태산에 보탠다고 해서 태산이 더 높아지지 않는 것과 같습니다. 또 저로 하여금 중니를 칭찬하지 말라고 하는 것은 역시 비유컨대 두 손으로 태산의 흙을 퍼낸다고 해서 그 태산이 낮아지지 않는 것처럼 분명합니다."

그제야 경공은 이렇게 말하였다.

"훌륭하오! 어찌 그럴 수가. 훌륭하오!"

시詩에는 이렇게 말하였다.

> 끊임도 뒤틀림도 하나 없으니,
> 아무리 생각해도 이길 수 없네. [卷八]

너희들의 꿈을 말해 보려무나

 공자孔子가 경산景山에 올랐을 때 자로子路, 자공子貢, 안연顏淵도 함께 따라갔었다. 공자가 이렇게 말하였다.

 "군자는 높은 곳에 오르면 반드시 부賦를 지어 그 느낌을 나타내어 보는 법이다. 너희들이 원하는 것이 무엇인지 원하는 것을 말로 표현해 보아라. 내[丘]가 장차 깨우쳐 주마."

 자로가 먼저 나섰다.

 "저는 긴 창을 들고 삼군을 휘젓고 다니되, 젖 먹이는 어미 호랑이가 뒤에 있고 적군이 앞에서 밀려온다 해도, 벌레처럼 뛰고 용처럼 분격하여 나가서, 싸우고 있는 두 나라의 환난을 해결해 주고 싶습니다."

 "용사로다!"

 이번에는 자공이 이렇게 말하였다.

 "두 나라가 맞붙어 장사들이 진을 치고, 먼지가 하늘을 뒤덮을 때 저는 한척의 무기도, 한말의 양식도 없이 중재를 하여 두 나라의 환난을 풀어 주고 싶습니다. 내 의견을 듣는 나라는 살 것이요 내 의견을 듣지 않는 나라는 망할 것입니다."

"변사辯士로다!"

그런데 안회顔回[안연]는 소원을 말하려 하지 않았다. 공자가 안회에게 물었다.

"안회야. 너는 어찌 소원을 말하지 않느냐?"

"두 사람이 이미 말을 하였으니 저는 감히 바라는 것이 없습니다."

"뜻이 다르다. 각각 하고 싶은 바가 있는 것이다. 회야, 너도 원하는 바를 말해보렴. 내 너에게 깨우쳐주마."

"원컨대 작은 나라의 재상이 되어 임금은 도로써 백성을 통제하고, 저는 덕으로써 교화하여 군신은 한마음, 내외는 서로 상응토록 하겠습니다. 그러면 여러 제후들이 바람에 풀이 눕듯이 따르지 않는 자가 없겠지요. 그리하여 힘 있는 자는 스스로 나서고, 늙은 자는 부축하여 나오며, 교화는 백성에게 행해지고, 덕은 사만四蠻에까지 베풀어져서 무기를 버리지 않는 자가 없도록 하며, 그 나라 사방 문에 몰려오도록 하였으면 좋겠습니다. 그래서 천하가 모두 영원한 안녕을 얻어 온갖 곤충들조차 각각 타고난 자기 성품을 즐기며, 어진 이를 추천하고 능력 있는 자를 부려

각각 그 일을 맡기는 것입니다. 그렇게 되면 임금은 윗자리에서 편안하고 신하는 아래에서 화목하여 팔짱을 끼고 아무런 작위가 없어도, 움직이면 그것이 도에 맞고 조용히 있으면 그대로 예에 맞을 것입니다. 인의를 말하는 자에게 상을 내리고, 전쟁과 싸움을 말하는 자에게는 죽음을 내리면 어찌 자로由가 나가 구할 일이 있겠으며, 자공賜이 나서서 해결할 일이 있겠습니까?"

이 말에 공자는 이렇게 평하였다.

"성사聖士로다. 대인이 나타나니 소인이 숨고, 성자가 일어서니 현자가 엎드리는구나. 안회가 정치를 맡는다면 자로나 자공의 능력은 어디 써먹을 데가 있겠는가?"

시詩에는 이렇게 말하였다.

> 펄펄 날리는 저 눈비도,
> 볕만 나면 녹아들지. [卷七]

각각 품은 뜻을 평가해 주마

 공자孔子가 자로子路, 자공子貢, 안연顔淵과 함께 융산戎山에 올라 놀던 중 크게 탄식하며 이렇게 말하였다.
 "너희들 각자 품은 뜻을 말해보렴. 유[由]야. 너는 어떠냐?"
 자로가 대답하였다.
 "군기軍旗의 흰 깃이 달과 같고, 붉은 깃이 주홍빛 같으며 종고鐘鼓를 울리는 소리가 하늘을 찌르며, 그 아래에 창을 빗겨 든 채 장군들로 하여금 공격하게 하는 일, 이런 일이라면 오직 저만이 해낼 수 있는 것이지요."
 "용사勇士로구나! 그래 다음으로 자공賜아. 너의 뜻은 어떤 것이냐?"
 "흰옷에 하얀 관을 쓰고 싸우는 두 나라 사이를 오가며 한척의 무기도, 한되의 양식도 없이 두 나라를 형제처럼 친하게 지낼 수 있는 사신이 되고 싶습니다."

"변사辯士로구나! 그럼 회回야, 너는 어떠냐?"

그러자 안회는 이렇게 말하였다.

"냄새나는 생선은 난초와 한 바구니에 함께 넣어 갈무리할 수 없고, 걸桀과 주紂는 요堯나 순舜과 함께 그 치적을 논할 수 없는 것입니다. 앞서 두 사람이 이미 말을 하였으니 제가 무슨 말을 하겠습니까?"

"회야! 너는 마음을 너무 낮추지 말아라."

"원컨대 성왕聖王 명주明主의 재상이 되어 성곽도 쌓지 않고 도랑이나 못을 파지 않아도 음양이 조화를 이루며 집마다 사람마다 모두 풍족히 살게 하며 무기를 녹여 농기구로 만들었으면 합니다."

"대사大士로다! 그렇게만 해놓는다면 자로[由]가 온들 어찌 너를 공격할 수 있겠으며, 자공[賜]이 나선들 너에게 무슨 사신의 역할을 할 게 있겠느냐? 내가 왕관을 쓴 지도자라면 너를 재상으로 삼겠다."[卷九]

잃어버린 비녀를 잊지 못하는 마음

공자孔子가 소원少源의 들에 놀러 갔다가 늪가에서 어떤 부인이 울고 있는 것을 들었다. 그 울음소리가 심히 슬픈지라 공자는 제자를 시켜 물어 보도록 하였다.

"부인께서는 어찌 그리 슬피 울고 계십니까?"

"지난날 여기 갈대 줄기를 베러 왔다가 이곳에서 갈대로 만든 비녀를 잃어버렸소. 그래서 우는 것이라오."

"갈대를 베다가 갈대 비녀 하나 잃어버린 게 뭐 그리 슬픈 일이겠습니까?"

"비녀를 잃어버렸다고 슬퍼하는 것이 아니라 비녀를 잊지 못하는 내 마음이 안타까워 우는 것이라오."[卷九]

직접 보지도 않고 칭찬부터

 자로子路가 포蒲 땅을 다스린 지 삼 년째 되는 해, 공자孔子가 그 곳을 지나다가 그 경계지역에 들어서서 보고는 이렇게 칭찬하였다.
 "자로[由]는 공경을 다하되 믿음으로 하고 있구나."
 그리고는 그 읍에 들어서며 또 칭찬하였다.
 "훌륭하다! 자로는 충성과 믿음으로 하되 관용으로 하고 있구나."
 다시 그 관청의 뜰에 이르러서는 이렇게 말하였다.
 "훌륭하다! 유는 명확하게 살피고 나서 판단과 결정을 내리는구나."
 이에 자공子貢이 고삐를 잡은 채 공자에게 여쭈었다.
 "선생님께서는 아직 자로를 만나보지도 않으셨는데 세 번이나 칭찬을 하시니 그 이유가 무엇이온지오?"
 "그 경계에 들어서 보니 밭과 밭두둑이 아주 잘 정리되어 있었고, 풀과 곡식도 잘 구분되어 다듬어져 있었다. 이는 믿음을 가지고 공경히 하였다는 뜻이다. 그 때문에 백성들이 온 힘을 쏟을 수 있는 것이다. 또 읍내에 들어와 보니 담과 집들이 잘 갖추어져 있고 나무도 아주 무성하였다. 이는 바로 충신忠信으로서 하되 관대히 하였다는 뜻이다. 그 때문에 백성이 꾀를 부리지 않았다는 것을 알 수 있다. 또 지금 이 뜰에 도착하여 보니 심히 한가롭다. 이는 정치를 명확히 살펴보고 판단을 내려 처리하고 있다는 것을 나타낸다. 그 때문에 백성들이 이 곳에 와서 시끄럽게 구는 일이 없다는 뜻이다."

시詩에는 이렇게 일렀다.

> 일찍 일어나 늦게 자며,
> 물 뿌리고 비질하여 뜰을 쓰네. [卷六]

군자는 백성의 어버이로다

 공자 제자 자천子賤이 선부單父 땅을 다스리자 백성들이 그를 잘 따랐다. 공자가 물었다.
 "어떻게 다스렸기에 그러한지를 나에게 말해 주렴."
 "어려운 때에는 수시로 곡식 창고를 열어 곤궁한 자를 도와주고, 부족한 자에게 보충해 주었습니다."
 "그런 정책에는 소인이나 따른다. 그게 아닌 것 같은데."
 "능력 있는 자에게 상을 주고 어진 이를 불러들이며 불초한 자는 물리칩니다."
 "그러면 선비나 따른다. 그로서는 부족하다."
 "제가 아버지처럼 모시는 분이 세 명, 형처럼 받드는 분이 다섯 명, 친구로 대하는 자가 열두 명, 그리고 스승으로 모시는 분이 한 명 있습니다."
 이 말에 공자는 이렇게 말하였다.

"아버지처럼 모시는 분이 셋, 형처럼 받드는 분이 다섯이면 족히 효제孝悌가 무엇인지를 가르칠 수 있고, 친구로 지내는 자가 열둘이라면 옹폐壅蔽를 없앨 수 있으며, 스승으로 모시는 분이 하나라면 정치에 실책이 없고, 행동에 실패가 없을 것이다. 그러나 아깝도다! 이 곳이 성인들의 땅만큼 크지 않음이. 그렇게만 되었더라면 그 공이 요堯나 순舜처럼 되었을 텐데."

시詩에

> 화목한 저 우리 군자는,
> 우리들 백성의 어버이로다.

하였으니 자천이 그와 비슷하다 할 수 있을 것이다.[卷八]

거문고만 타면서 정치는 몰라도

 공자의 제자 자천子賤이 선부單父 땅을 다스리면서 거문고나 타면서 몸소 당堂 아래에는 내려오는 일도 없었건만 그 땅은 잘 다스려지고 있었다. 그런가 하면 그 뒤를 이은 무마기巫馬期가 다스릴 때에는 별이 보이는 새벽에 일어나 별이 뜨는 늦은 저녁까지, 밤이나 낮이나 한곳에 머물러 있지 아니하고, 몸소 직접 돌아다니며 정치를 잘 펼치자 그 땅은 잘 다스려졌다. 이에 무마기가 자천에게 그 까닭을 물었다. 그러자 자천은 이렇게 설명하였다.
 "나는 사람에게 맡겼고, 그대는 힘에게 맡겼기 때문이지요. 사람에게 맡긴 자는 편안하고 힘에 맡긴 자는 수고롭지요."
 이를 두고 사람들은 이렇게 말하였다.
 "자천이야말로 군자로다. 사지를 편안히, 이목을 온전히, 심기를 평온히 하면서도 백관이 다스려졌으니 이는 그 방법만 맡겼을 따름이다. 그러나 무마기는 그렇지 못하였다. 일에 항상 근심하여 따지고 힘써 가르치고 지시하였다. 비록 다스려지기는 하였지만 지극한 데에는 이르지는 못한 것이다."

시詩에는 이렇게 말하였다.

> 옷이 아무리 많으면 뭘 해,
> 입지도 걸치지도 않는걸.
> 말과 수레가 많으면 뭘 해,
> 몰지도 타지도 않는걸. [卷二]

수레를 비스듬히 맞대어 세워놓고
傾蓋而語

 공자孔子가 담郯으로 가던 도중에 제齊나라의 정본자程本子라는 현인을 만나자 서로 수레를 비스듬히 맞대어 놓은 채 말을 나누다가 해가 지는 줄도 모르고 있었다. 그러다가 잠시 후 공자는 자로子路를 돌아보며 이렇게 부탁하였다.
 "자로[由]야, 묶은 비단 열 필을 이 선생님께 갖다드려라."
 자로가 대꾸를 하지 않자 잠시 후 공자가 다시 자로를 돌아보며 재촉하였다.
 "비단 열 필을 이 선생님께 갖다드리라니까."
 그러자 자로는 경솔한 태도를 보이며 이렇게 대답하였다.
 "지난날 제가 선생님께 배우기로는 선비는 길 가운데에서 사람을 만나 상견하는 법이 없으며, 여자를 중매 없이 시집보내는 일은 군자로서는 하지 않는다고 하였습니다."
 이 항변에 공자는 이렇게 설명하였다.

"시詩에 이르지 않았더냐!

> 들에는 치렁치렁 칡넝쿨 벋고,
> 잎새엔 구슬 같은 이슬 맺혔네.
> 꿈에도 잊지 못할 어여쁜 사람.
> 맑고 맑은 그 모습 아리따워라.
> 오가다 우연히라도 만나봤으면,
> 내 평생 소원은 풀리련만은!

또 무릇 제나라의 이 정본자란 분은 천하의 어진 선비이시다. 내가 지금 여기서 너를 시켜 그에게 선물을 드리지 않으면 종신토록 그를 뵙지 못할지도 모른다. 큰 덕은 그 문설주를 넘어서는 안 되지만 작은 덕은 넘나듦이 가하느니라."[卷二]

천자도 그를 신하로 삼을 수 없었다

　공자의 제자 원헌原憲이 노魯나라에 살 때에 그의 집은 사방 담이 곧 벽이요 지붕의 이엉에는 쑥이 자랄 정도였고 창틀은 옹기 조각으로 만들어져 있었으며, 뽕나무를 뒤틀어 문틀을 만든 채, 위는 새고 아래는 젖은 상태였다. 그러나 원헌은 단정히 앉아 거문고를 타면서 노래를 불렀다.
　역시 공자의 제자 자공子貢은 살진 말을 타고, 가볍고 좋은 털옷이 속은 감색紺色, 겉은 흰색으로 보기 좋았으며, 어지간한 골목에는 들어가지도 못할 큰 수레를 탄 채 원헌을 찾아갔다. 원헌은 닥나무로 만든 모자에, 여장藜杖을 지팡이로 짚고 문에 나와 그를 맞았다. 그 모습이 얼마나 초라하였던지 모자를 바로 쓰면 갓끈이 끊어지고 옷깃을 바로 여미면 팔꿈치가 드러나 보이며, 신을 바로 신으면 뒤축이 찢어지는 것이었다. 자공이 원헌에게 물었다.
　"아! 선생께서는 무슨 병이 있으십니까?"
　그러자 원헌은 하늘을 쳐다보며 이렇게 응답하였다.

"내가 듣건대 아무런 재물이 없는 것을 빈貧이라 하고, 배우고도 이를 실천하지 못하는 것을 병病이라 한다 하였소 나는 가난할 뿐이지 병이 있는 것이 아니오 만약 세속에 영합하기 위해서 행동하고, 작당하여 이익 있는 자와 사귀고, 남에게 자랑하기 위해 학문을 하며, 자기를 돋보이게 하기 위해 남을 가르치며, 인의仁義를 사특하게 쓰고, 수레나 말에 치장이나 일삼으며, 옷을 화려하게 입고자 하는 일이라면 나 원헌은 차마 할 수 없소."

이 말에 자공은 머쓱해하며, 얼굴에 부끄러운 기색을 감추지 못하다가 인사도 못하고 떠나야 하였다.

원헌은 느린 걸음으로 지팡이를 끌고, 상송商頌이라는 노래를 부르면서 돌아섰다. 그 소리는 천지에 가득하였고 마치 금석金石에서 나오는 것 같았다. 이처럼 천자天子도 그를 신하로 삼을 수 없었고, 제후도 그를 친구로 삼을 수 없었던 것이다. 따라서 지조를 기르는 자는 그 집을 꾸밀 줄 모르는 것이며, 뜻을 기르는 자는 자신조차도 잊고 마는 것이니 누가 능히 그를 모욕할 수 있겠는가?

시詩에

> 내 마음 돌이 아니니, 굴릴 수도 없지.
> 내 마음 돗자리가 아니니, 말 수도 없지

라 하였으니 이런 경우를 두고 이른 것이다.[卷一]

선생님께 여쭈어보자

자로子路가 이렇게 말하였다.

"남이 나에게 잘 해주면 나도 그에게 잘 해주고, 남이 나에게 잘 해주지 않으면 나도 그에게 잘 해주지 않으련다."

자공子貢은 이렇게 말하였다.

"남이 나에게 잘 해주면 나도 그에게 잘 해주고, 남이 나에게 잘 해주지 않으면 나는 그를 인도하여 이끌어 주는 정도까지만 하겠다."

그러자 안회顔回는 이렇게 말하였다.

"남이 나에게 잘 해주면 나도 그에게 잘 해주고, 남이 나에게 잘 해주지 않더라도 나는 그에게 잘 해주겠다."

세 사람이 각각 의견을 달리 하자 선생님께 여쭈어 보기로 하였다. 그러자 공자孔子가 이렇게 말하였다.

"자로[由]의 의견은 만맥蠻貊이나 할 말이고, 자공[賜]의 행동은 붕우 사이의 말이며, 회回의 말은 친속親屬 사이의 말이다."

시詩에는 이렇게 말하였다.

남이 나에게 잘 해주지 않아도,
나는 그를 형으로 모시리라. [卷九]

저 말은 곧 고꾸러질 것입니다

　공자의 제자 안연顔淵이 노魯나라 정공定公을 모시고 누대에 앉아 있는데 마침 동야필東野畢이 말을 몰고 그 대 아래를 지나고 있었다. 정공이 안연을 돌아보며 말하였다.
　"멋지도다! 동야필의 말 모는 솜씨여."
　"멋지기는 합니다만 저 말은 곧 넘어질 것입니다."
　정공은 불쾌히 여기며 좌우 신하에게 불편한 심기를 털어놓았다.
　"내 듣기로 군자는 남의 말을 비꼬지 않는다던데 군자도 역시 남의 말을 비꼬는가?"
　이 말에 안연도 그 자리를 떠나 버렸다. 그런데 잠시 후에 마구간 담당자가 와서 그 말이 고꾸러졌다고 알려 왔다. 정공은 자리를 거두고 일어나 소리쳤다.
　"어서 안연을 불러오라."
　안연이 오자 정공이 물었다.

"방금 과인이 '훌륭하도다. 동야필의 말 모는 솜씨여.'라고 하였을 때 그대는 '좋기는 하지만 그 말은 곧 넘어질 것'이라고 하였소. 그대는 어떻게 이를 아셨소?"

그러자 안연은 이렇게 설명하였다.

"저는 정치를 통해 이를 알았지요. 옛날 순舜임금은 사람을 부리는 데 뛰어나셨고 조보趙父는 말을 부리는 데에 뛰어났습니다. 그런데 순임금은 사람을 부리되 그 백성을 궁한 데까지는 몰고 가지 않았고, 조보는 말을 부리되 그 말이 힘이 다 빠지도록 하지는 않았습니다. 그러니 순임금은 그 백성을 넘어지게 하지 않았고, 조보는 그 말을 쓰러지게 하지 않았던 것입니다.

그러나 지금 동야필이 말 모는 것을 보니 수레에 올라 고삐를 잡고 몸에 재갈을 물려 꼿꼿이 해놓은 채 말을 이리저리 돌리면서 걷게 하였다가 뛰게 하였다가 정신없게 다룹니다. 게다가 조회가 끝나면 험하고 먼 곳까지 내달아 말이 기진맥진하도록 하였습니다. 또한 끝없이 채찍질을 해대고 있으니 이로써 그 말이 넘어질 것을 알게 된 것입니다."

"훌륭하오! 좋은 말씀을 좀더 계속해 주시오."

"짐승이 궁해지면 그 뿔로 덤비는 법이요, 새도 궁하면 부리로 쪼려고 덤비는 법입니다. 마찬가지로 사람도 궁하면 사술詐術을 부려서라도 모면하려 하는 것입니다. 예로부터 이제까지 아랫사람을 궁하게 하면서 능히 위험에 처하지 않은 자는 없었습니다.

시詩에

> 고삐를 잡되 부드러운 끈을 잡듯 하고,
> 두 필 말을 몰 때는 춤추듯 발을 맞추게 해주어야 한다.

하였으니 이는 바로 말을 잘 모는 것을 두고 한 말입니다."
정공이 크게 감탄하였다.[卷二]

그대 머리를 그냥 둘 것 같으냐?

 위衛나라 영공靈公이 낮잠을 자고 일어나 지기志氣가 아주 쇠약해지자 사람을 시켜 말을 몰고 달려가 용사勇士 공손연公孫悁을 불러오게 하였다. 심부름꾼이 그를 부르러 가다가 길에서 복상卜商[子夏]을 만났다. 복상이 물었다.
 "어디를 그리 급히 가는 거요?"
 "임금이 낮잠을 주무시고 일어나셔서 급히 공손연을 데리고 오라고 시켰소."
 "공손연이 아니더라도 용맹하기가 공손연만한 인물이면 되겠소?"
 "좋소!"
 이에 자하는 이렇게 명하였다.
 "그럼 나를 태우고 임금에게 데려다 주시오."
 임금 앞에 나타나자 임금이 물었다.
 "그대에게 용사를 불러오라 하였지 이런 유자儒者를 불

러오라 하였소?"

사자는 이렇게 설명하였다.

"가는 길에 이 사람이 '공손연이 아니더라도 용맹하기가 공손연만한 인물이면 되는가?'라고 묻기에 수레에 태워 온 것입니다."

"좋다. 그 선생을 이리 모셔 올리고 그대는 어서 다시 가서 공손연을 데리고 오너라."

얼마 후 공손연이 나타나 그 문에 이르러 칼을 빼어 짚고는 이렇게 소리를 치는 것이었다.

"복상! 내려오라. 내 그대의 머리를 그냥 둘 것 같으냐?"

이 말에 자하도 그를 돌아보며 호통을 쳤다.

"무슨 소리! 칼을 집어넣어라. 내 장차 너에게 용기란 것이 어떤 것인지를 일러주마."

이를 본 왕이 그에게 칼을 집어넣고 올라오도록 하였다. 이에 자하가 입을 열었다.

"내 일찍이 그대와 더불어 임금을 모시고 서쪽으로 가서 조趙나라 간자簡子를 만났을 때 그 자는 거만하게도 머리를 마구 풀어헤친 채 창을 잡고 우리 임금을 대하였소. 그때 나는 열세 번째 줄 뒤에 섰다가 쫓아 나가서 이렇게 말하였지. '제후들이 서로 만날 때는 조복朝服을 입지 않으면 안 되는 것입니다. 지금 그대가 조복을 입지 않는다면 행인行人[외교관]인 나 복상의 목의 피가 그대의 옷에 뿌려

질 것이외다.' 이렇게 그로 하여금 들어가 조복을 입고 나와 우리 임금을 뵙도록 한 것이 그대가 한 일이요? 내가 한 일이요?"

"그대지요."

"이것이 그대의 용기가 나만 못한 첫 번째요. 또, 그대와 내가 임금을 모시고 동쪽으로 아阿땅에 이르렀을 때, 제齊나라 임금은 수레 안에서 이층의 자리에 앉고 우리 임금은 그 밑 아래층의 자리에 앉게 되었었소. 그 때 내가 열세 번째의 뒷줄에 서 있다가 이를 보고 달려 나가 '예에 있어서 제후끼리 만날 때는 서로 높낮이가 달라서는 안 되는 것입니다' 하고는 그 한 자리를 떼어 내어 없애 버렸소. 이 일은 그대가 한 일이오 내가 한 일이오?"

"그대가 한 일이오."

"이것이 그대의 용기가 나만 못한 두 번째요. 또, 그대와 함께 임금을 모시고 원유苑囿에 갔을 때 두 마리의 맹수가 임금에게 달려들자 창으로 이를 물리치고 안전하게 돌아온 일이 있었소. 이 일 역시 그대가 한 일이요? 아니면 내가 한 일이오?"

"그대가 한 일이오."

"이것이 그대의 용맹이 나만 못한 세 번째요. 선비가 귀하다고 여겨지는 까닭은 위로는 만승의 천자라 할지라도 그에게 두려움을 줄 수 있고, 아래로는 필부라 할지라도 감히 그에게 이유 없이 오만하게 굴지 않기 때문이오. 밖으로는 행동을 바로 세워 적이 감히 침요하지 못하게 하며, 안으로는 잔폭한 해를 막아 임금으로 하여금 위험에 빠지지 않게 하는 것이 선비가 해낼 수 있는 장점이며 군자들이 귀하게 여기는 바요. 그리고 만약 자기 장기를 가지고 남의 단점을 엄폐하거나 자기편이 많다고 적은 무리에게 포악하게 굴며, 죄 없는 백성을 짓밟아 동네에 위협을 부리는 일이 있다면 이는 선비로서 아주 못된 짓으로 여기며, 군자들이 혐오하는 바로서 여러 사람들이 나서서 없애버려야 하는 것들입니다.

시詩에

> 사람으로서 예의가 없다면,
> 죽지 않고 어쩌리요!

라 하였으니 어찌 임금 앞에서 그대가 용기를 논할 수 있겠소?"

이 말에 영공은 자리를 고쳐 앉으며 그의 손을 잡고 이렇게 감탄하였다.

"과인이 비록 민첩하지 못하나 청컨대 그대의 용기를 좇으리라."

시詩에는

홀아비나 과부라고 모욕하지 말고,
강포한 자라고 해서 두려워도 말라.

하였으니 복 선생 같은 이를 두고 한 말이다.[卷六]

한 길의 담장은 넘지 못하지만
陵遲

노魯나라에서 부자 사이에 소송이 벌어지는 일이 생기자 강자康子는 그들을 죽여버리려고 하였다. 그러자 공자孔子가 말렸다.

"죽여서는 안 됩니다. 무릇 백성들 중에 부자 사이에 소송을 일으키는 옳지 못한 일이 오랫동안 있어 왔습니다. 이는 윗사람들이 그 도를 잃었기 때문입니다. 윗사람이 도를 지켰다면 그런 일은 없었을 것입니다."

소송하려던 자가 이 소문을 듣고 소송을 취하해 버렸다. 강자가 이를 알고 공자에게 물었다.

"백성을 효로써 다스리되 옳지 못한 자를 하나 죽여 불효한 자에게 수치를 느끼게 하는 것도 옳은 일이 아닐는지요?"

"그렇지 않습니다. 가르쳐주지 않은 채로 그 소송을 들어주는 것은 죄 없는 자를 죽이는 일이요, 삼군이 전쟁에 나가 패하였다고 해서 그들을 모두 죽일 수 없는 것이며,

소송으로도 잘 처리되지 않는다고 해서 그들을 모두 형벌에 처할 수는 없는 것입니다. 윗사람이 교육을 잘 마련해주어 먼저 그들을 복종시킨다면 백성은 마치 바람 앞에 풀처럼 따를 것입니다. 그런데도 사악한 행위로 이를 따르지 않는다면 그 때에야 비로소 형벌로 그 뒤를 기다리게 하면 백성들은 스스로의 죄를 알게 됩니다. 무릇 한 길의 담장은 백성들이 넘지 못하지만 백 길이나 되는 산은 어린 아이도 올라가 놀 수 있습니다. 그 이유는 그 산이 서서히 높아지기[陵遲] 때문입니다. 지금 인의仁義가 서서히 허물어지고 있은 지가 오래 되었는데 백성들로 하여금 넘지 말라고 한들 되겠습니까? 시詩에는 '백성들을 미혹하게 하지 말지니'라고 하였습니다.

이처럼 옛날의 군자들은 그 백성을 인도하되 미혹에 빠지지 않도록 하였기 때문에 위엄을 부리면서도 형벌은 사용하지 않았던 것입니다. 그러므로 윗사람은 인의를 드러내고 교도敎道에 힘써서 백성이 눈으로 환히 보게 하고, 백성이 귀로 환히 듣게 하며, 백성이 마음으로 훤히 알게 하면 미혹한 데로 인도하지 않게 되고, 백성의 뜻도 미혹한 데에 빠지지도 않게 되는 것입니다. 시詩에 '나의 덕행을 널리 알리라'고 하였습니다. 따라서 도의가 쉽지 않으면 백성이 따르지 못하고, 예악이 밝지 않으면 백성이 보지를 못하는 것입니다. 시에 '주나라의 도는 숫돌과 같고, 그

곧기는 화살과 같네!'라 하였는데 이는 쉽다는 뜻이며, '군자가 실천하면 소인은 본 받는다'라고 한 것은 밝게 보여주라는 뜻입니다.

그런가 하면 '이리저리 보아한들 어쩔 수 없네. 흐르는 눈물만 볼을 적시네'라 하였으니, 이는 예교란 들어보지도 못한 채 형벌을 받게 되는 경우를 불쌍히 여긴다는 뜻입니다. 이처럼 근본을 교화하지 않은 채 형벌로만 이를 규제하려 하는 것은 마치 우리를 열어 가축이 마음대로 나가게 해놓고는 독화살로 쏘는 것과 같으니 어찌 안타까운 일이 아니겠습니까? 그러므로 소송을 한 백성을 죽일 수 없다는 것입니다. 옛날, 선왕들은 백성을 예로써 부렸으니, 이는 마치 말을 모는 것과 같습니다. 형벌이란 채찍입니다. 그런데 지금은 오히려 고삐나 멍에도 없이 채찍만 가지고 말을 모는 것과 같습니다. 말이 앞으로 나가고자 하나 뒤에 채찍이 있고, 뒤로 물러서고자 하나 그 앞에서 채찍이 기다리고, 마부는 마부대로 수고롭고 말은 말대로 상처만 입는 꼴입니다.

지금이 바로 이와 같으니 윗사람은 윗사람대로 근심과 수고로움이 심하고, 백성은 백성대로 더욱 그 형벌에 걸려드는 것입니다. 시詩에 '사람으로 예가 없으면서, 어찌 일찍 죽지도 않노!'라 하였으니, 윗사람이면서 예가 없으면 환난에서 벗어날 수 없고, 아랫사람이면서 예가 없으면 형벌을 면할 수 없는 것입니다. 상하 모두가 예가 없다면 어찌 일찍 죽지 않겠습니까?"

이 설명에 강자는 자리를 고쳐 앉으며 재배하고 이렇게 말하였다.

"제가 비록 민첩하지 못하나 청컨대 이 말씀을 잘 받들겠습니다."

공자가 조정에서 물러나오자, 제자 자로子路가 공자에게 어려운 질문을 퍼부었다.

"부자 사이에 소송이 있다면 이것이 도입니까?"

"아니다."

"그렇다면 선생님께서는 어째서 군자들을 위해서 그를 사면해 주어야 한다고 나서십니까?"

"잘 경계시키지도 않고 성취만 닦달하는 것은 해치는 것이요, 법령을 제멋대로 하면서 이루어지기를 기대하는 것은 포악한 짓이며, 가르치지도 않고 형벌을 내리는 것은 도적질과 같은 것이다. 군자가 정치를 함에는 이 세 가지는 피해야 한다.

또 시詩에는 이렇게 말하였단다.

> 온화한 얼굴빛에 웃음 띤 모습,
> 화도 내지 않고 가르쳐만 주시네." [卷三]

아들이 아버지를 숨겨주는 의는

아들이 아버지를 위해 숨겨주는 것은 의義의 입장에서 보면 바른 것이 아니며, 임금이 옳지 못한 자를 죽이는 것도 인仁의 입장에서 보면 사랑을 베푸는 일이 아니다. 이처럼 비록 인에 위배되고 의에 해를 끼치는 일이지만 법도는 그 속에 있는 것이다.

시詩에는 이렇게 말하였다.

훌륭하고 유유하네,
드디어 여기까지 이르셨네. [卷四]

배워야 군자가 됩니다

노魯나라 애공哀公이 염유冉有에게 물었다.

"보통 사람은 본래 타고난 바탕만 있으면 됐지 왜 반드시 배운 다음에야 군자가 되는 것입니까?"

"제가 듣기로 아무리 훌륭한 옥이 있다 할지라도 잘 다듬지 않으면 그릇이 될 수가 없고, 사람이 비록 아름다운 바탕을 타고났다 할지라도 배우지 않으면 군자가 될 수 없다고 하였습니다."

"어떻게 그렇다고 알 수가 있소?"

"무릇 자로子路는 변卞 땅의 무식한 사람이었고, 자공子貢은 위衛나라의 장사꾼이었으나 모두가 공자로부터 학문을 배워 드디어 천하의 이름난 선비가 되었습니다. 그리하여 제후들이 그들의 이름을 듣고 존경하지 않는 이가 없고, 경 대부들 중 그들을 아끼지 않는 이가 없습니다. 이는 바로 학문을 하였기 때문입니다.

옛날 오吳, 초楚, 연燕, 대代 네 나라가 함께 모의하여 진秦나라를 치고자 하였습니다. 그 때 조가桃賈라는 사람은 감문監門의 낮은 벼슬아치의 아들로서 진나라를 위해 그들 나라에 사신으로 가서 그들의 모의를 끊고 군대도 움직이지 못하게 하였습니다. 그가 돌아오자 진秦나라 왕이 크게 기뻐하며 그를 상경上卿으로 삼았습니다.

그런가 하면 백리해百里奚가 제齊나라에서 쫓겨났을 때 서쪽의 누구 하나 그를 추천해 주는 자가 없었지만 스스로 다섯 마리 양피羊皮에 팔려 소가 끄는 수레 하나 사서 진秦나라 목공繆公을 찾아가자 목공은 그를 재상으로 임명하였습니다. 이리하여 진나라는 서융西戎을 쳐서 패자가 될 수 있었습니다.

또 태공망太公望[강태공]은 젊을 때 남의 머슴이 되었으나 그나마 늙어서는 쫓겨나고 말았습니다. 그래서 그는 조가朝歌에서 소를 잡는 백정노릇을 하였고 극진棘津에서는 품팔이를 하였지요. 그러나 반계磻溪에서 낚시질을 할 때 문왕文王이 이를 등용하여 쓴 다음 끝내 제齊나라에 봉해졌습니다.

한편 관중管仲은 환공桓公을 활로 쏘는 일을 범하였지만 드디어 복수의 마음을 없애고 재상으로 들어서서는 망할 나라를 존속시키고 끊어질 나라를 이어주며 아홉 번이나 제후를 모아 회합을 갖고, 천하를 크게 바로잡았습니다.

이 네 사람은 모두가 일찍이 비천함과 궁욕窮辱을 당하였지만 그 명성이 후세에까지 이어진 것은 배웠기 때문이 아니겠습니까? 이로 말미암아 보건대 선비는 반드시 배운 다음에야 군자가 될 수 있는 것입니다. 그래서 시詩에

> 날로 달로 나아가네

한 것입니다."

그러자 애공은 비로소 즐거워하며 웃음을 띤 채 이렇게 말하였다.

"과인이 비록 민첩하지 못하나 청컨대 선생의 가르침을 잘 받들겠습니다."[卷八]

다섯 _

왕 노릇하기 쉽지 않다

비록 공경대부의 자손일지라도

 왕자王者의 정치란 어질고 능력 있는 자에 대해서는 차례를 거치지 않고도 이를 들어 쓰는 것이며, 어리석은 자의 경우는 짧은 시간을 기다릴 것도 없이 쫓아낼 수 있으며, 심한 악인일 경우 이를 가르치지 않고도 죽일 수 있고, 보통 사람은 정령政令을 내리지 않고도 교화할 수 있어야 하는 것이다. 명분이 미처 정해지지 않았다면 고하高下를 정하여 밝히되, 비록 공경대부의 자손이라 할지라도 그 행동이 예절에 어긋나면 서인으로 귀속시키고, 나라를 뒤엎을 백성이라면 이들을 잘 다스려 시련을 주어 고칠 기회를 준다.

 그리고 비록 서민의 자손이라 할지라도 학문을 쌓고 몸을 바르게 하여 그 행위가 예의에 합당하면 이들을 사대부에 귀속시켜 공경스럽게 대우하되 이들이 안전하게 따라줄 때는 잘 먹여 살리고, 불안을 조성할 때는 이들을 버린다.

 법칙을 위반하는 백성일지라도 임금이 이들을 거두어 일거리를 주고, 관에서는 이들에게 의식을 해결하게 하여 버림받지 않도록 은덕으로 덮어준다. 또 재능과 행동이 당시의 법령에 어긋나게 하는 자에게는 사형을 내려 용서함이 없으니, 이를 일컬어 천주天誅라 한다. 이것이 바로 왕자의 정치이다.

 시詩에는 이렇게 말하였다.

> 사람으로서 예의가 없다면
> 죽지 않고 어쩌리오! [卷五]

다스리는 자리를 즐거움으로 삼지 말라

왕 노릇하기는 쉬운 일이 아니다. 왕위에 오르는 대명大命이 이르면 태종太宗·태사太史·태축太祝이 흰옷을 입고 책策을 하나씩 잡은 채 북면北面하여 서서는 천자天子를 향해 이렇게 위로의 말을 한다.

"큰 임무가 이르렀는데 어찌 하면 지금의 이 근심을 길이 끌고 나갈 수 있을까!"

그리고는 천자에게 첫 번째의 책을 하나 준다.

"그대의 제사를 공경으로 모셔서 영원히 천명을 위주로 하되 끝없이 두려워하며, 자신의 몸이 편할 것은 감히 꿈꾸지 마시라."

그리하고는 두 번째의 책을 준다.

"이른 새벽부터 밤늦도록 공경히 하여 그대 몸소 태만이 없기를 비노라."

그러면서 세 번째의 책을 준다. 이어서 끝으로 이렇게

당부한다.

"천자는 남면南面하라. 제위帝位를 주노라. 다스림을 근심으로 여겨야지 그 자리를 즐거움으로 삼아서는 아니 되느니라."

시詩에는 이렇게 말하였다.

> 덕 없이 하늘만 믿을 수 있나.
> 쉽지 않네, 그 자리, 제왕의 자리. [卷十]

어진 자를 쓰지 않으면 망하고 만다

임금이란 백성의 근원이다. 근원이 맑으면 하류도 맑을 것이요 근원이 탁하면 하류도 흐리게 마련이다. 그러므로 사직을 가진 자가 백성을 사랑하지 않으면서 백성이 자기를 친해오고 사랑해 주기를 바란다면 이는 안 될 일이요, 백성이 지도자를 친하게 여기지도 사랑하지도 않는데 그들이 지도자를 위해 쓰이고 목숨을 바쳐주기를 요구해본들 불가능한 일이다. 또 백성이 지도자를 위해 쓰이지도, 목숨을 바칠 생각도 없는데 이들에게 강한 전투력과 굳세게 성을 지켜주기를 희망한다면 이 역시 불가능한 일이며, 이처럼 무력이 강하지도 성이 견고하지도 않은데 위태로워 깎이거나 멸망에 처하지 않기를 바란다면 이 역시 불가능한 일이다.

무릇 위삭이나 멸망의 상황이 이러한 것들로 인해 누적되어 나타났는데도 편안과 즐거움을 누린다는 소문을 들기는 어려운 일이 아니겠는가? 그렇기를 바라는 자는 미치광이일 것이다. 슬프도다! 그러한 미치광이는 잠시를 기다릴 것도 없이 망하고 말리라. 그러므로 강고強固하고 안락하기를 바라는 임금은 스스로를 반성하는 것이 제일이요, 백성이 자신에게 친해 와서 통일시키고자 바란다면 그에 맞게 정령政令을 베푸는 것이 최우선이며, 훌륭한 정치에 아름다운 풍속이 이루어지기를 바란다면 그에 맞는 사람을 구하는 것이 급선무이다.

그 사람이란 태어나기는 지금 세상이지만 그 뜻은 옛날에 두고 천하의 왕공王公들이 이를 실행하기를 즐겨하지 않는다 해도 이 사람은 홀로 이를 실행하기를 좋아하며, 백성들이 이를 해내지 못해도 이 사람은 홀로 이를 해내며, 생각건대 이를 하는 것이 궁한 원인이 된다 해도 이 사람은 오히려 이를 고집스럽게 하여 잠시라도 태만히 하거나 차이를 두는 일이 없다. 이 사람은 홀로 선왕先王이 흥하게 된 원인과 혹은 잃게 된 까닭을 명백히 밝혀내고, 나라 안위의 옳고 그름에 대해 마치 흑백을 구분하듯이 하니 바로 그런 사람을 말한다.

임금이 강고함과 안락을 바란다면 이런 사람에게 그 임무를 맡겨야 한다. 이런 사람을 크게 쓰면 천하를 통일하여 제후들을 신하로 삼을 수 있고, 작게 써도 그 위엄과 행동이 이웃나라에 퍼져 누구도 이런 나라를 대적하려

덤비지 못하는 강국이 될 것이다. 이를테면 은殷나라에 있어서의 이윤伊尹, 주周나라에 있어서의 주공周公 같은 경우는 크게 쓴 것이요, 제齊나라에 있어서의 관중管仲, 초楚나라에 있어서의 손숙오孫叔敖 같은 경우는 작게 쓴 것이라 할 수 있다.

이처럼 크게 쓴 경우는 저와 같고, 작게 쓴 경우는 이와 같다. 그러므로 순수하게 쓰면 왕자가 될 수 있고, 마구 뒤섞여 질서가 없게 써도 패자는 될 수 있으나, 하나도 쓰지 않으면 망하고 마는 것이다.

시詩에

> 천하의 정치가 어지러움은,
> 어진 이를 쓰지 않은 때문이라네.

라 하였으니, 어진 이를 쓰지 않았는데도 망하지 않은 나라는 일찍이 없었다.[卷五]

짐의 정치가 거기까지 미치지 못한 것인가?

왕도정치를 펴는 자는 반드시 목자牧者[지방 행정관]를 세우되 한 곳에 두 사람을 두어 먼 곳까지 잘 살피고 다스리게 하였다. 그리하여 먼 곳의 백성들로서 배고픔과 추위에 떨면서도 제대로 의식을 해결하지 못하거나, 송사訟事에 있어 공평하게 처리하지 못하는 경우, 혹은 어진 이를 놓치고 제대로 등용해 쓰지 못하는 경우가 있으면 이를 천자에게 고한다. 그러면 천자는 그 나라의 군주를 조정으로 오게 하여 이렇게 질책한다.

"아! 짐의 정교政敎가 그 곳에까지 미치지 못한 것인가? 어찌하여 그 곳의 백성들이 배고픔과 추위에 떨면서 제대로 의식을 해결하지 못하고, 송사에서 억울한 일을 공평하게 처리받지 못하며, 어진 이를 놓치고 제대로 등용해 쓰지 못하는 경우가 생기는가?"

그리고 나서는 그 임금을 물러가게 하고는 여러 경이나

대부들과 대책을 논의한다. 그러면 먼 변방의 백성들이 이를 듣고 모두가 감탄한다.

"진실로 천자로다. 우리가 이렇게 편벽된 곳에 살고 있는데도 우리를 가까이 있는 사람처럼 보살펴 주시고, 우리가 깊은 속에 살고 있는데도 우리를 환하게 알고 계시도다. 그러니 우리가 무엇을 속일 수 있으리요!"

그러므로 목자란 천자에게 있어서의 사방을 똑바로 보는 눈이요, 사방을 밝게 듣는 귀여야 하는 것이다.

시詩에

> 나라들의 정치가 옳고 그른지,
> 중산보가 이를 밝히 가렸네.

라 하였으니 이를 두고 이른 말이다.[卷六]

누구나 성실한 쪽으로 돌아서네

부지런한 이에게 상을 주고 편안함만 누리는 자에게 벌을 내리면 백성이 게으르지 않게 되고, 덕 있는 자를 모으고 명철하기를 같이 하면 천하가 그리로 귀순해 온다. 다음에 직위의 구분을 명확히 하고 그 사업을 살피며, 관직과 능력을 비교하여 이理와 법法에 맞지 않는 것이 없도록만 해놓으면 공도公道는 통달하고 사문私門은 막히게 될 것이며, 공의公義는 세워지고 사사私事는 사라질 것이다. 이와 같이 되면 두터운 능력을 가진 자는 조정에 채용되고 아첨을 일삼는 자는 발을 들여놓지 못하며, 탐하고 흉포한 자는 물러가고 청렴하고 바른 자가 기를 펼 수가 있게 되는 것이다. 주周나라 때의 제도制度에는 이렇게 되어 있다.

"역법을 정하여 그 때보다 앞서는 자는 용서 없이 사형에 처하며, 그 때를 맞추지 못하는 자도 용서 없이 사형에 처한다."

사람은 습관에 의해 완고해진다. 사람의 일이란 마치 이목구비로 하여금 서로 다른 일을 시킬 수 없는 것과 같다. 그러므로 직책이 잘 분리되면 백성이 태만을 부리지 않게 되고, 차례가 잘 정해지면 질서가 혼란을 일으키지 않으며, 덕을 겸비하고 명철한 자와 같이 하면 온갖 일이 막힘 없이 처리될 수 있다. 이와 같이만 되면 많은 사람과 모든 관리들로서는 자기를 먼저 수양한 다음에라야 감히 벼슬을 할 수 있으며, 능력을 갖춘 후라야 감히 직무를 부여받을 수 있다는 것을 깨닫게 된다. 이렇게 되면 소인은 그 마음을 바꿀 것이며, 백성들은 풍속을 바꾸고, 간교한 무리들은 누구든 성실한 쪽으로 돌아서게 될 것이다.

이런 것을 일컬어 정교政敎의 극치라 하나니 거기에는 아무 것도 보탤 것이 없다.

시詩에는 이렇게 말하였다.

> 잘 헤아려 정령을 정하시고,
> 멀리 생각하여 분부를 내리시네.
> 자신의 위의를 공경하고 삼가면,
> 이는 곧 백성의 본이 되겠네. [卷六]

쟁간하는 신하가 일곱만 있어도

 천자天子에게 쟁간하는 신하 일곱만 있으면 임금이 무도하다 해도 천하를 잃지 않는다. 옛날 은殷나라 왕인 주紂는 백성을 적해賊害하고 천도를 거역하였으며, 아침에 물을 건너는 사람이 왜 다리가 시렵다고 하는가를 알아보겠다고 그 다리를 잘랐고, 임신부의 배를 갈라 보며, 자신의 잘못을 지적하는 귀후鬼侯를 포 뜨고, 매백梅伯을 소금에 절이는 등의 포악한 짓을 하였지만 망하지 않았던 것은 기자箕子와 비간比干이 있었기 때문이었다. 그런데 미자微子가 떠나가고 기자는 붙들려 노예가 되며, 비간이 간하다가 죽음을 당하게 되자 주周나라가 나서서 군대를 일으켜 그를 죽이게 되었던 것이다.

 다음으로 제후로서는 쟁간하는 신하가 다섯 명만 있으면 임금이 아무리 무도하다 해도 나라를 잃지 않을 수 있다. 옛날 오吳나라 왕 부차夫差는 무도하여 아버지인 합려閭閻의 장례에 한 시市의 백성을 모두 몰아 함께 묻었지만 즉시 망하지는 않았다. 그 이유는 오자서伍子胥가 있었기 때문이다. 이에 오자서가 죽고 월越나라 왕 구천勾踐이 그 나라를 치고자 하였을 때 신하인 범려范蠡가 이렇게 말하였다.

"오자서의 계책이 아직도 오나라 왕의 뱃속에서 잊혀진 것이 아닙니다."

그리하여 오자서가 죽은 지 삼 년을 기다린 끝에 월나라는 그를 공격하였다.

다음으로 대부로서 쟁간하는 신하가 세 명만 있으면 그가 비록 무도하다 해도 그 집안이 망하지 않는다. 계씨季氏가 무도하여 천자天子를 참월僭越하여 팔일무八佾舞를 추고 태산泰山에 여제旅祭를 지내며 옹철雍徹을 하자 공자孔子가 참다 못해 말하였다.

"이런 것을 참는다면 그 무엇을 참지 못하랴?"

그럼에도 불구하고 즉시 망하지 않은 것은 염유冉有와 계로季路가 그의 재신宰臣[가신]으로 있었기 때문이었다. 그러므로 이런 말이 있다.

"악악諤諤하는 쟁신이 있는 나라는 창성하고, 묵묵히 아첨하는 신하가 있는 나라는 망하고 마는 법이다."

시詩에는

> 그대 덕 밝게 닦지 못하니,
> 좌우에 옳은 신하 하나도 없지.
> 그대가 가진 덕이 밝지 못하니,
> 어진 이가 그대를 멀리하는 걸.

이라 하였는데, 이는 문왕文王이 한탄한 말로서 은殷이나 상商나라에 보필, 간쟁하는 신하가 없어 천하를 잃게 되었음을 통탄한 것이다.[卷十]

나라의 한 귀퉁이를 떼어 뇌물로 주어도

　강포強暴한 나라를 섬기는 일은 어렵지만 그 강포한 나라로 하여금 나를 섬기도록 하는 일은 아주 쉽다. 재화와 보물로 그를 섬기게 되면 보물이 떨어지면 사귐도 끊어지고 말며, 계약과 맹세로 섬긴다 해도 계약이 정해진 다음 배반의 날은 기다릴 사이도 없게 된다. 그런가 하면 나라의 귀퉁이를 떼어 뇌물로 바친다 해도 떼어주는 것이 확정되는 날로부터 그들의 욕심은 끝이 없게 된다. 이처럼 순순히 따라 섬기면 그럴수록 침략은 더욱 심해져서 결국 보물이 다 떨어지고 나라가 다 들어 먹히게 된다. 이런 경우는 왼쪽에 요堯임금, 오른쪽에 순舜임금이 있다 할지라도 이 길에서 벗어날 방법이 없게 된다.
　그러므로 성인의 도로 하지 않고 기교를 가지고 민첩하게 모시기만 하거나 두려움 때문에 그를 섬긴다는 것은 지국안신持國安身의 도로는 족하지 못하다. 그 때문에 명철한 임금이라면 그런 길로는 가지 않는다. 즉, 반드시 예를 잘 닦아 조정을 대등하게 하며, 법을 바르게 하여 관직을 동등하게 하고, 정사政事를 고르게 펴서 백성을 공평하게 한다. 그러한 다음이라야 예의禮義와 절주節奏가 조정에서 대등해질 것이며, 법칙과 도량은 관직에서 공정할 것이며, 충신忠信과 애리愛利는 백성에게 공평하게 펴질 것이다.

그 때는 하나만의 불의한 일을 행하고, 하나만의 무죄한 자를 죽이면 천하를 다 얻는다 할지라도 그런 일을 하는 자가 없게 될 것이다. 그렇게 되면 가까이 있는 자는 다투어 친부親附해 올 것이요 멀리 있는 자는 다가오기를 원하게 될 것이며, 상하가 한 마음이 되고 삼군이 한 힘이 될 것이다.

그렇게 하여 그 명성이 교화되어 퍼져 나가고, 위세와 강함이 하나같이 알려지면, 팔짱을 끼고 지휘채만 들고 있어도 강포한 나라라 할지라도 서둘러 사신을 보내어 마치 어린아이가 자애로운 어머니 품으로 달려가듯 하지 않는 나라가 없을 것이니 이는 무슨 까닭이겠는가? 바로 인이 드러나고 의가 세워져 있으며 교화가 진실 되고 사랑이 깊기 때문이다.

시詩에는 이렇게 말하였다.

> 왕께서 하시는 덕 온 세상 덮어,
> 서나라 오랑캐도 항복해 오네. [卷六]

체형은 없고 상형만 있었다

 옛날에는 이런 법령이 있었다.

 백성 중에서 어른을 공경하고 고아를 불쌍히 여기며, 취사取捨에 있어서 양보를 좋아하고, 일에 있어서 몸을 아끼지 않는 자가 있으면 이 사실을 임금에게 고하고 그러한 다음에 두 마리의 말이 끄는 치장한 수레[飾車騈馬]를 탈 수 있게 허락하는 것이었다. 허락을 얻지 못한 자는 이런 식거병마를 탈 수 없으며 이를 어길 경우 누구라도 벌을 받는 제도였다.

 그럼으로써 백성이 아무리 재물이 여유 있고 넘쳐난다 해도 예의와 공덕이 없다면 이를 마구 쓸 수 없도록 하였던 것이다. 따라서 인의仁義는 흥하고 재리財利는 가벼이 여기는 풍조가 일어났으니, 재리를 가볍게 여기면 다툼이 일어나지 않으며, 다툼이 일지 않으면 강한 자가 약한 자를 능멸하거나 다수의 무리가 소수에게 폭력을 휘두르는 일이 없게 된다. 이는 임금이 상형象刑[체형이 아닌 상징적인 형벌]만으로 정치를 펴도 백성은 감히 법을 범하지 못하는 상황을 만든 것이다. 백성이 법을 범하지 않으니 혼란은 당연히 사라지게 되는 것이다.

시詩에는 이렇게 일렀다.

> 너의 백성들 바르게 하고,
> 너 임금의 법도 삼가 지켜서,
> 뜻밖의 환난을 경계할지라. [卷六]

왕으로서 지녀야 할 덕목

왕으로서 지녀야 할 덕을 논해 보면 다음과 같다.

공 없는 자를 높이는 일이 없고, 덕 없는 자에게 관직을 내리는 일이 없으며, 죄 없는 자를 죽이는 일이 없어야 한다. 조정 안에는 요행으로 자리를 지키는 자가 없고, 백성들 속에는 요행으로 삶을 살아가는 자가 없어야 한다. 따라서 윗사람이 어질면서 능력 있는 자를 부리면 등급의 넘나듦이 없게 되고, 포악한 자를 몰아내고 사나운 자를 금지시키면 형벌의 과실이 없게 된다. 백성들은 집안에서 일지언정 좋은 일을 하면 조정으로부터 상을 받지만 나쁜 짓은 남몰래 할지라도 남이 다 아는 곳에서 형벌을 받게 된다는 것을 훤히 알게 해야 한다. 이렇게 하는 것이 곧 정론定論이라 일컫는 것이요, 왕으로서 지녀야 할 덕인 것이다.

시詩에는 이렇게 말하고 있다.

해처럼 환한 나라의 정치,
법대로 그 자리 지키게 하자. [卷三]

임금의 열두 가지 병

 임금 된 자에게는 열두 가지 발병發病이 있는데 훌륭한 의사를 만나지 못하면 고칠 수가 없다. 그 열두 가지란 무엇인가? 즉 위痿, 궐蹶, 역逆, 창脹, 만滿, 지支, 격膈, 황肓, 번煩, 천喘, 비痺, 풍風이니 이를 일컬어 십이발十二發이라 한다.
 그러면 훌륭한 의사는 이를 어떻게 치료하는가? 일을 덜어주고, 형을 가벼이 하면 위병痿病이 생기지 않고, 낮은 백성들로 하여금 배고픔과 추위에 떨지 않게 하면 궐병蹶病이 일어나지 않고, 재물이 윗사람에게만 흘러다니는 일이 없도록 하면 역병逆病이 생기지 않으며, 창고 안의 곡식이 썩어지지 않도록 하면 창병脹病이 일어나지 않으며, 창고를 채우는 일에만 매달리는 일이 없도록 하면 만병滿病이 생기지 않고, 신하들이 제멋대로 방자하게 하는 일이 없도록 하면 지병支病이 일어나지 않으며, 아래의 사정이 위로

통하지 못하는 일이 없도록 하면 격병膈病[隔病]이 생기지 않고, 윗사람의 재능을 아랫사람을 구휼하는 데 쓰면 황병肓病[盲病]이 생기지 않으며, 법령이 바르게 집행되면 번병煩病이 생기지 않고, 아랫사람에게 원한이 없도록만 해주면 천병喘病이 생기지 않으며, 어진 이가 숨어 지내는 일이 없도록 하면 비병痺病이 일어나지 않고, 백성이 노래로서 비방하는 일이 없도록 하면 풍병風病이 일어나지 않는다.

중신重臣과 여러 아랫사람은 바로 임금의 심복心腹이며 지체支體이다. 심복과 지체가 병이 없으면 임금도 병이 없게 된다. 그 때문에 훌륭한 의사가 아니면 그 병을 고칠 수 없는 것이다. 임금에게 이 열두 가지 병이 있으면서도 훌륭한 의사를 쓰지 않는다면 이는 나라라는 이름만 있지 옳은 나라라고 할 수 없다.

시詩에

> 훨훨 타오르는 불꽃과 같아
> 어떻게 구해낼 약이 없네.

라 하였으니, 이는 마침내 망하고 말 것이라는 뜻이다. 따라서 어진 의사를 쓰면 일반 백성들도 병을 고칠 수 있는데 하물며 임금에게 있어서랴![卷三]

비바람도 매서움이 없게 되리라

 어진 임금의 다스림은 따뜻하고 아름다움이 있어 화목하고, 관용을 베풀어 사랑하며, 형벌은 맑게 하여 줄여주고, 상을 주는 것은 즐기고 벌을 내리는 것은 싫어한다. 그리고 풍속을 바로잡고 교화를 숭상하며, 태어나서는 죽음을 당하는 일이 없고, 은혜를 널리 베풀며, 인仁은 치우치게 행하는 법이 없고, 백성의 힘을 빼앗지 않는다. 또 때를 넘겨가면서까지 사람을 부리는 일이 없다. 이로써 백성은 농사지어 집에는 거두어들일 것이 있으며, 굶주려 죽는 자가 없고 음식은 헛되이 썩어 나는 일이 없으며, 공인工人은 쓸데없는 물건을 만드는 일이 없고, 화려한 겉치레의 물건은 시장에서 팔리지 않는다.

 그리고 때맞추어 도끼를 들고 숲 속을 갈 수 있으며, 나라에는 일없이 노는 선비가 없이 누구나 다 그 세상에 쓰이도록 한다. 서민도 기쁨이라는 것이 무엇인지를 누리게 하며, 밖에까지 소문이 퍼져나가서 먼 곳 사람은 그 의를 사모하여 몰려들되 여러 번 통역을 거쳐 선물을 진상해 오게 한다. 그렇게 하면 풍우도 매서움이 없게 되는 것이다.

시詩 소아小雅에

> 넓은 하늘 가득히,
> 비구름 펼쳐오네.

라 하였으니 이로써 태평 시대에는 분명히 무서운 바람도 폭우도 없었음을 알 수 있다.[卷八]

날마다 이치에 거꾸로 나가면서

 정치를 잘 하는 자는 정성情性의 마땅함을 따르고, 음양의 질서에 순응하며, 본말의 이치에 통순하고, 하늘과 사람 사이의 원리에 합당하게 한다. 이렇게 하면 천지가 만물을 잘 길러 모든 것이 풍요롭고 아름다워진다.

 그러나 정치를 잘 모르는 자는 정욕이 본성을 누르게 하고 음이 양을 타고 오르게 하며, 말이 본을 거역하게 하고, 사람이 하늘의 뜻을 어그러뜨리게 한다. 그리하여 그 기氣가 굽히면 일어설 수 없고 답답해도 풀 수가 없도록 만들어 버린다. 이렇게 하면 재해가 발생하고 괴이한 일이 생기며, 만물이 상해를 입어 곡식도 제대로 여물지 못한다.

 이 까닭으로 움직이는 일마다 덕을 상하게 하고, 가만히 있으면 어떻게 구원을 해야 할지를 모르게 되나니, 그렇게 하여 느리게 나타나는 일에 대해서는 이를 알지 못한 채 계속 하게 되고, 빠르게 나타나는 일에 대해서는 이를 알아채지 못한 채 날마다 이치에 거꾸로 나가면서 잘 다스려지기를 바란다.

시詩에는 이렇게 말하였다.

> 하는 일마다 백성을 해치면서도,
> 무엇이 잘못인지 알지 못하네. [卷七]

여럿이 보는 것이 훨씬 더 밝다

 천자가 큰 궁 아래, 휘장 아래, 좋은 자리 위에, 그리고 좋은 털신을 신고 살면서 내실에만 머물러 밖으로는 나와 보지도 않으나 넓게 천하를 다 아는 것은 바로 좌우에 훌륭한 신하를 두고 있기 때문이다. 따라서 혼자 보는 것은 여럿이 보는 것만큼 밝지 못하고, 혼자 듣는 것은 여럿이 듣는 것만큼 명료하지 못하며, 혼자 염려하는 것은 여럿이 염려하는 것만큼 뛰어나지 못한 것이다. 그러므로 영명한 군주는 어진 신하들이 함께 어울려 몰려들게 하나니 중정中正한 자와 교통하여 숨어사는 선비들을 잘 불러들인다.

 시詩에

> 옛 사람들 이렇게 말하였지.
> 꼴군이나 나무꾼에게도 물어본다고.

라 하였으니, 이를 두고 한 말이다.[卷五]

그림자나 메아리가 응해 오듯이

 윗사람이 효를 모르면 백성들은 그 돌아갈 근본이 무엇인지를 알지 못하고, 임금이 어른을 존경할 줄 모르면 백성은 귀함과 친親함이 무엇인지를 알지 못한다. 또, 제사를 공경스럽게 드리지 않아 산천이 때맞추어 흠향을 받지 못하면 백성은 두려워해야 할 것이 무엇인지를 알지 못하고, 가르쳐 주지도 않고 형벌부터 내린다면 백성들은 권면勸勉해야 할 것이 무엇인지를 알지 못한다.
 그러므로 군자가 몸을 수양하여 효에까지 미치게 하면 백성이 배반한다는 것은 있을 수 없고, 공경과 효도가 아랫사람에게까지 미치게 하면 백성은 자애로움이 무엇인지를 알게 된다.
 그리고 호오好惡를 백성들이 깨우쳐 알도록 하면 아랫사람이 윗사람에게 응해 오기를 마치 그림자나 메아리처럼 하게 된다. 이상이 곧 천하를 다스리며, 해내海內를 평정하고, 만 백성을 신하로 삼는 요체이며 방법이니 명왕明王 성주聖主가 이를 수유須臾[아주 짧은 순간]라도 버리지 못하는 이유가 여기에 있는 것이다.

시詩에는 이렇게 말하였다.

> 왕으로서 진실을 이루셨으니,
> 천하 백성의 본이 되시네.
> 길이길이 효도를 실행하시니,
> 그 효는 백성의 법칙 되었네. [卷五]

삼공이란 무엇인가

삼공三公이란 무엇인가?

사공司空, 사마司馬, 사도司徒를 말한다. 사공은 하늘을 관장하고, 사마는 땅을 관장하며, 사도는 사람을 관장한다. 따라서 음양이 고르지 못하여 사시가 조절되지 않거나, 별들이 그 위치를 잃는다든지 재변과 이상이 생기게 되면 사공에게 책임을 묻는다. 그리고 산이 무너지고 냇물이 흐르지 못하거나 오곡이 자라지 못하고 초목이 마르는 경우가 생기면 이를 사마가 책임지며, 임금과 신하가 바르지 못하고 인도人道가 불화하며, 나라에 도적이 발생하거나 아랫사람이 윗사람을 원망하는 일이 일어나면 그 책임을 사도에게 묻는다. 이처럼 삼공은 그 직무를 책임지고 그 직분을 근심하여 그 사실을 들어내며 숨은 원인을 밝혀내야 하는 것이다. 이것이 삼공의 임무이다.

시詩에

뛰어나고 훌륭한 많은 선비들,
문왕은 이로써 안녕을 얻었네.
해처럼 밝은 주나라 정치,
덕대로 그 임무에 충실하였네.

하였으니, 이는 각각 그 직무에 맞음을 말한 것이다.[卷八]

임금의 밥상에 반찬이 두 가지뿐

그 해에 한 종류의 곡식이 익지 않는 것을 겸兼이라 하고, 두 종류의 곡식이 흉년 드는 것을 기饑라 하며, 세 가지 곡식이 흉년 드는 것을 근饉, 네 가지 곡식이 여물지 않는 것을 황荒이라 하며, 오곡이 모두 여물지 않아 흉년이 드는 것을 대침大侵이라 한다.

대침이 든 해에 임금이 할 수 있는 예禮는 임금의 밥상에 두 가지 이상의 반찬을 올리지 않고, 누대가 낡아도 수식을 하지 않으며, 도로도 고치려 하지 말아야 하고, 백관의 빈자리가 생기면 보충만 하되 새로운 자리를 신설하지 않으며, 귀신에게 기도만 하지 따로 제사를 차리지 않는다.

시詩에

일상의 예절을 모두 지킬 수는 없네.

라 하였으니, 이를 두고 이른 말이다.[卷八]

사방에 그 은택 젖게 하소서

하늘에는 사시四時가 있다. 즉 춘하추동에 비, 바람, 서리, 이슬이 서로 연결되니 어느 것 하나 교화敎化의 준칙 아님이 없다. 임금에게 청명함이 있으면 그 기氣와 지志가 신명神明과 같아지고, 하고자 하는 바가 곧 다가올 것이며, 먼저 어진 이를 보내어 길을 열어준다. 또 하늘이 때맞추어 비를 내려 산천에는 구름이 피어오른다.

시詩에

> 높고 높은 저 멧부리,
> 하늘에 닿을 듯 높이 솟았네.
> 그 높은 산신령을 내려주사,
> 보씨와 신씨를 낳으셨다네.
> 신씨와 보씨는 힘을 모아서,
> 주나라의 훌륭한 모범되시니,

> 사국을 지키는 울타리 되고,
> 사방으로 뻗어나는 기틀 되었네.

라 하였으니, 이는 문왕文王과 무왕武王의 덕을 노래한 것이다.

이처럼 삼대三代의 왕들은 반드시 먼저 그 법령과 명예가 있었던 것이다.

역시 시詩에

> 밝고 훌륭하신 우리 천자는,
> 아름다운 그 이름 그칠 날 없네,
> 문덕을 널리 펴 맹세하시니,
> 사방에 그 은혜 젖게 하소서.

라 하였으니, 이는 태왕太王의 덕을 노래한 것이다.[卷五]

가뭄 끝에 단비가 내리면

대한大旱 같은 가뭄에는 풀 하나 제대로 자라지 못하였지만 하늘에 갑자기 구름이 일어 시원하게 비가 내리면 만물이 모두 일어났다. 백성도 인의仁義의 뿌리를 마음에 심어 두고 있지 않은 자가 없건만 왕이 이를 정치로 겁을 주고 핍박하므로 그것이 나타나 보이지 못하고, 근심되고 답답하게 함으로써 그것이 표출되지 못할 뿐이다. 그러나 성왕聖王이 나타났을 때에는 그가 문밖에 나가보지 않는데도 천하가 이를 따르며, 그가 무엇을 제창하면 천하가 화답해 오니 어찌 그런 일이 일어나는가? 거기에는 그렇게 응할 수밖에 없는 이유가 있는 것이로다!

시詩에는 이렇게 말하였다.

> 칠 년 대한 큰 가뭄 땐,
> 풀도 하나 못 자랐었지. [卷五]

기우제를 지내면 비가 오는가?

"기우제를 지내면 비가 오는 것은 무슨 까닭인가?"
"기우제를 지내지 않아도 비가 내리는 것과 같다."
"별이 떨어지고 나무가 울면 백성들이 모두 두려워하게 된다. 어찌하여 그러한 현상이 나타나는가?"
"이는 천지의 변동과 음양의 변화로 생기는 것으로, 보통 사물에는 잦지 않다. 이를 괴이하게 여길 수는 있지만 두려워하는 것은 옳지 않은 일이다. 무릇 해와 달에 일식, 월식이 일어나고, 낮에 괴이한 별이 보이는 것, 또 비나 바람이 철에 맞지 않게 생기는 등 이런 현상이 없었던 시대는 없었다. 그러나 윗사람이 훌륭하고 정치가 평온하다면 그런 현상이 한꺼번에 몰려서 나타난다 해도 전혀 잘못될 게 없다. 하지만 윗사람이 혼암하고 정치가 바르지 못할 때는 그런 현상이 하나도 나타나지 않는다고 해서 이익될 것도 없다. 무릇 만물의 재앙 중에 가장 두려운 것은 바로 인재人妖일 뿐이다."

"그렇다면 인재란 무엇인가?"

"때맞추어 밭 갈기를 하지 않으면 곡물이 상하게 되고, 때맞추어 김을 매주지 않으면 그 한 해를 망치게 되는 것이며, 정치를 바르게 펴지 못하면 백성을 잃게 되는 것이다. 농토가 황폐해지고 농사를 망치게 되면 양식 값은 올라가고 백성은 굶주리며, 길에는 굶어 죽는 이가 나타나게 된다. 그렇게 되면 도적이 생겨나고 상하가 괴리되며 이웃끼리 서로 싸우고 앞뒷집이 서로 도둑질하며 예의가 실행되지 못한다. 소와 말이 서로 다른 새끼를 낳게 되면 이는 육축六畜의 재앙이요, 신하가 임금을 죽이고 부자간에 서로 의심하게 되면 이를 일컬어 사람의 재앙이라 하는 것이니 이는 모두가 혼란에서 생기는 것이다."

또 이렇게 전해오고 있다.

"천지 자연의 재앙은 감추어 없애 버릴 수 있기 때문에 만물의 괴이함에 대해 책에는 이를 설명하지도 않았다. 필요 없는 변고나 급하지 않은 재앙은 그대로 두어 다스리려고 하지 말아야 한다. 그러나 만약 군신간의 의義, 부자간의 친親, 남녀간의 별別에 대한 문제라면 열심히 갈고 닦아 절대로 방치해서는 안 되는 것이다."

시詩에는 이렇게 말하였다.

자르듯이 다듬듯이, 쪼듯이 갈듯이! [卷二]

학교를 세워 교육을 베풀고

땅을 측량하고 살 곳을 정하여 나라를 세운 다음에는 은혜를 숭상하고 이익을 널리 펴 백성을 모으며, 호오好惡를 밝혀 법도를 바르게 하고, 백성을 이끌어 열심히 농사짓도록 한다.

학교상서學校庠序를 지어 교육을 세우고, 늙은이를 모시고 고아를 양육하여 백성을 교화시키고, 어진 이는 올리고 공 있는 자에게는 상을 주어 선을 권장한다. 간악한 이를 징벌하고 잘못이 있는 자는 축출하여 악을 추한 것으로 알게 시킨다.

그리고 방어를 가르치고 활쏘기를 익히게 하여 환난을 막으며, 간악한 것을 금하고 사악한 것을 그치게 하여 해악을 제거한다. 어진 이를 맞아들이고 친구를 모아 지혜를 넓히며, 종족을 친부親附하게 하여 더욱 강해지도록 해야 한다.

시詩에는 이렇게 말하였다.

> 화목하고 정이 많은 우리 님이여.   [卷八]

정전법의 이치

 옛날에는 여덟 집을 하나의 정전井田으로 삼았는데, 사방 1리里를 1정井이라 하며, 폭이 300보, 길이가 300보인 넓이를 1리라 하여 그 토지는 900무畝가 된다. 또 폭이 1보에 길이가 100보를 1무라 하며, 폭이 100보에 길이가 100보인 넓이를 100무라 한다.
 여덟 집이 한 이웃을 이루어 집집마다 100무의 땅을 얻으며, 나머지 남자들 몫으로는 각각 25무씩 주며, 집집마다 공전公田 10무, 그리고 나머지는 25무씩을 여사廬舍로 삼아 각각 2무반씩 경작한다.
 여덟 집은 서로 보호해 주고 출입 때에는 돌아가며 지키고, 질병이 생기면 서로 걱정해 주며, 환난이 있으면 서로 구제하고, 있고 없는 것을 서로 빌려주며, 음식은 서로 불러 나누어 먹고, 혼인 문제를 서로 상의하며, 고기잡이한 것을 서로 나누면서 인애와 은혜를 서로 베푼다. 그렇게 함으로써 그 백성들이 서로 화목과 친밀을 이루어 호합好合한다.

시詩에는 이렇게 노래하였다.

> 밭에는 파랗게 무 자라고,
> 두둑에는 주렁주렁 오이 열렸네!

그러나 지금은 혹 그렇지 않으니 백성들을 다섯 집씩 묶어 죄가 있는지 서로 엿보게 하고, 형벌이 있으면 서로 들먹이며, 서로 원한과 원수를 지게 하니 백성들은 서로 잔학하게 굴어 화목한 마음을 상해하며, 인의를 적해하고, 선비를 통한 교화를 해친다. 이리하여 줄어드는 것은 화목이요, 늘어나는 것은 패덕敗德으로, 인도仁道가 자취를 사라진다.

그래서 시詩에는 이렇게 노래한 것이다.

> 이대로 가다가는 어찌 될 건가?
> 모두 함께 빠져서 죽지 않을까? [卷四]

시집 못간 노처녀가 없었으며

 태평시대에는 백성을 노역勞役에 동원하되 농사짓는 때를 어기면서 하지는 않았고, 남녀는 짝을 맺는 시기를 놓치지 않았으며, 효자는 어버이를 때 놓치지 않고 봉양하였다. 밖으로는 장가들지 못한 홀아비가 없고, 안으로는 시집못간 노처녀가 없었으며, 위로는 인자하지 않은 아비가 없고, 아래로는 효성스럽지 않은 아들이 없었다. 이렇게 부자는 서로 이끌어주고 부부는 서로 보호해 주어, 천하는 화평하고 국가는 안녕하였으며 인사人事는 모든 사람에게 두루 구비되고 천도는 하늘에서 이에 응해 주었다.

 그러므로 하늘은 질서를 변경시키는 일이 없었으며, 땅은 형태를 바꾸는 일이 없어 일월은 밝고 별들은 항시 그 자리를 지켰다. 이처럼 하늘과 땅이 각각 그 시화施化를 내리고 음양이 화합하여, 움직이면 우뢰와 번개가 되고, 윤기가 흐르면 바람과 비가 내리되 산천으로서 조절하여 추위와 더위를 고르게 해주었다. 이에 만민이 생육하여 각각 자기 자리를 찾으며, 나라에 소용 닿는 물건을 만들어 냈다.

따라서 나라의 편안은 땅에서 나는 것을 통하여 이루어지는 것이니 성인이 나무를 깎아 배를 만들고 나무를 다듬어 노를 만들어 사방의 물건을 소통시켜, 못가에 사는 사람은 나무를 구해 쓸 수 있게 하고, 산 속에 사는 사람도 물고기를 얻어먹을 수 있게 하였으며, 이렇게 남는 재물을 널리 유통되게 해주었다. 그러므로 풍부하고 기름지다고 홀로 즐거워하지 않게 되며 자갈밭이라고 해서 홀로 고통스러워하는 일도 없어지게 하였다.

비록 흉년과 기근을 만나고, 우禹임금·탕湯임금 때와 같은 큰 가뭄을 만나더라도 백성은 얼어죽거나 굶어죽는 경우가 없었다. 따라서 태어나면 궁핍을 모르고, 죽어서는 시신을 마구 버리는 일이 없었으니 이를 일컬어 낙樂이라 하였다.

시詩에는 이렇게 노래하고 있다.

> 오! 불꽃처럼 일어난 님의 군사여.
> 훌륭하게 기른 힘, 때로는 감추기도 하소서! [卷三]

여섯 _

순임금은 동이 사람이다

시대와 장소는 달라도

순舜임금은 제풍諸馮[지금의 山東省 諸城市. 동쪽 끝의 땅]에서 나서 부하負夏로 옮겨 살았다가 명조鳴條에서 죽은 동이東夷 사람이다. 그런가 하면 주周나라 문왕文王은 기주岐周[지금의 陝西省 岐山縣. 서쪽 끝]에서 나서 필영畢郢에서 죽은 서이西夷 사람이다. 이들 두 사람은 땅의 거리로는 천여 리가 넘으며, 세대世代의 선후는 천여 세가 넘는다. 그런데도 그들이 자신들의 뜻을 중국中國[中原]에 편 것은 마치 부절符節을 맞춘 것 같다.

공자孔子는 "먼저 나신 성인이나 뒤에 나신 성인이나 그 길은 하나이다."[先聖後聖 其揆一也]라 하였다.

시詩에는 이렇게 말하였다.

> 천명은 조금도 어긋남 없이,
> 탕왕에 이르러 이루어졌네. [卷三]

혼자서 천하의 일을 다 아울러 듣고

 순舜임금은 오현지금五絃之琴을 타면서 남풍南風의 노래만 부르고 있었어도 천하가 잘 다스려졌고, 주공周公은 술자리에서 떠나지 않고 종고鐘鼓의 악기를 언제나 즐기면서도 역시 온 천하가 잘 다스려졌다. 필부匹夫라면 땅 백묘에 집 하나 다스리기에도 한가하게 쉴 틈이 없어서 어디 한 번 다녀올 수도 없는데, 혼자서 천하의 일을 다 아울러 듣고 그 하루도 여유 있게 아래를 다스리니 이는 사람을 잘 부려서 하기 때문이다.
 무릇 사람을 부릴 수 있는 권한을 쥐고 있으면서도 여러 사람을 아래로 잘 제어하지 못한다면 그는 윗사람으로서 자격이 없는 사람이다. 시詩에

> 남쪽하늘 저 키 같은 기성,
> 그러나 그것으로 키질은 할 수 없네.

북쪽하늘 저 국자 같은 북두성,
그러나 그것으로 떠먹을 수는 없네.

라 하였으니, 이는 윗사람으로서 그 일을 직접 담당하지 않음을 말한 것이다.[卷四]

정치 때문에 죄를 짓는 일이란 없었다

 옛날 순舜임금이 그릇에 고기를 넘치도록 담아 먹는 법이 없이 검소히 하자 아랫사람들이 음식을 남겨서 버리는 죄를 짓지 않게 되었고, 질그릇, 대나무 그릇에 밥을 담아 먹자 농부들이 지나치게 욕심을 부리다가 죄를 짓는 일이 없어졌으며, 거친 사슴가죽에, 검소한 목도리를 두르자 여자들이 옷을 예쁘게 입을 욕심 때문에 죄를 범하는 일이 없어지게 되었다. 그런가 하면 법은 아랫사람이 쉽게 지킬 수 있게 줄여주고, 일은 적고 쉽게 해도 공을 얻을 수 있게 해주자 백성들이 정치 때문에 죄를 짓는 일이 없어지게 되었다. 그러므로 대도大道는 무리를 용납하고, 대덕大德은 많은 아랫사람을 모여들게 하며, 성인일수록 작위가 적다. 때문에 만물이 쓰이고도 항상 건장한 것이다.

 또 이렇게 전해오고 있다. "쉽고 간편하게 해야 천하의 이치를 얻을 수 있다"고 하였다. 충忠이란 쉽게 해야 예禮가

되고, 성誠은 쉽게 해야 사양의 마음이 생기며, 현인은 쉽게 해야 그 백성이 알아듣고, 물건은 쉽게 만들어야 재물材物이 된다. 시詩에는 이렇게 말하였다.

> 정치를 기산岐山에서 크게 행하니
> 자손들이 받들어 보전하리라. [卷三]

주지육림 酒池肉林

하夏나라 마지막 임금 폭군 걸桀이 술로 못을 채워 족히 배를 띄울 만하였으며, 술 찌꺼기로 언덕을 쌓자 그 위에 올라 족히 십 리를 볼 수 있을 정도였고, 소처럼 엎드려 술을 마시는 자가 삼천 명이나 되었다. 이를 보다 못한 관룡봉關龍逄이 나섰다.

"옛날의 임금 된 자는 몸소 예와 의를 행하고 백성을 사랑하고 재물을 아꼈습니다. 그래서 나라가 편안하고 자신도 장수를 누렸던 것입니다. 그런데 지금 왕께서는 재물을 쓰되 마치 무진장한 것처럼 여기고, 사람을 죽이되 그들이 죽지 않으면 어쩌나 할 정도이니 그대가 만약 어서 고치지 않으면 틀림없이 하늘의 재앙이 내릴 것이며, 그대의 죽음도 틀림없이 다가올 것입니다. 왕께서는 어서 고치십시오."

이에 걸은 그를 가두어 죽여버리고 말았다. 군자가 이를 듣고 말하였다.

"하늘의 운명인저!"

시詩에는 이렇게 말하였다.

> 하늘이 아무리 두렵다 해도
> 나로서는 아무런 죄진 것 없소. [卷四]

뒷걸음질치면서 앞사람을 따라잡겠다니

우禹임금은 하夏나라를 바탕으로 하여 왕이 되었고, 걸桀은 그 하나라를 가지고 있었으면서도 망하고 말았다. 마찬가지로 탕湯은 은殷나라를 바탕으로 왕이 되었고, 주紂는 그 은나라를 가졌음에도 망하고 말았다.

그러므로 영원히 편안한 나라도 있을 수 없고, 언제나 다스려지기만 하는 백성도 있을 수 없으니 어진 이를 얻으면 창성하고 불초한 자를 만나면 망하는 것이다. 예로부터 이제까지 그렇지 아니한 경우란 없었다. 무릇 맑은 거울이란 형체를 비추어 보는 것이요, 지나간 옛일이란 오늘을 알게 해주는 것이다.

옛날에 위망危亡하게 된 군주의 잘못된 행동을 싫어하면서, 또 다른 옛날의 안존安存하였던 군주의 훌륭한 업적은 답습하는 데에 힘쓰지 않는다면 이는 마치 뒷걸음질치면서 앞사람을 따라잡으려는 것과 다를 바가 없다. 속담에

"관리가 해야 할 일이 무엇인지 모른다면 이미 이루어놓은 일들을 보라"고 하였고, 또 "앞서가는 수레가 엎어졌는데, 뒤따르는 수레가 경계하지 않으니 뒷수레도 엎어지고 말지"라고 하였다.

그러므로 하나라가 망한 이유를 은나라가 따라하였고, 은나라가 망한 이유를 주周나라가 따라한 것이다. 따라서 은나라는 하나라를 거울로 삼아야 하였고, 주나라는 은나라를 거울삼아야 한다는 것이다.

시詩에는 이렇게 일렀다.

> 은을 거울삼을 일 멀지 않도다.
> 하나라 망한 이유 거기 있었네. [卷五]

거울이 형체를 비추어보듯이

 폭군 주紂가 비간比干을 죽이자 기자箕子는 머리를 풀어 헤치고 거짓 미친 체하였고, 진陳나라 영공靈公이 설야泄冶를 죽이자 등원鄧元이 가족을 이끌고 진陳나라를 떠나 버렸다. 이로부터 은殷나라는 주周나라에게 병탄되었고 진나라는 초楚나라에게 망하고 말았다. 비간과 설야를 죽임으로써 기자와 등원을 잃었기 때문이다.

 그런가 하면 연燕나라 소왕昭王은 곽외郭隗를 얻고 나자, 추연鄒衍과 악의樂毅가 위魏나라, 조趙나라로부터 찾아왔고, 함께 군대를 일으켜 제齊나라를 공격하여 민왕閔王을 거莒 땅으로 몰아낼 수 있었다. 당시 연나라 땅과 인구는 제나라와는 균형을 이룰 수 있는 정도가 아니었음에도 연나라가 진실로 이런 경지에 이르게 된 것은 선비를 얻었기 때문이었다. 그렇게 보면 언제나 안전한 나라란 있을 수 없고 언제나 다스려지기만 하는 백성이 있는 것도 아니다. 어진 이를 얻으면 창성해지고 어진 이를 잃으면 망하는 것일 뿐이니 예로부터 이제까지 그렇지 않은 경우란 없었다.

강태공姜太公은 이를 알았기 때문에 미자微子의 후손을 등용하였고, 비간의 묘를 봉하였던 것이다. 무릇 성인은 현자의 후손에게조차 이와 같이 후히 하였거늘 하물며 당세에 살아 있는 자에게 있어서이겠는가?

시詩에는 이렇게 말하였다.

하늘이 아무리 무섭다 해도,
나에게는 아무런 죄가 없다오. [卷七]

하늘에는 해가 하나, 땅에는 내가 하나

옛날 하夏나라의 마지막 폭군 걸왕桀王은 못에 술을 붓고 그 술 찌꺼기로 제방을 만들어 미미靡靡라는 음란한 음악을 연주하면서 방종하게 놀았다. 사람들로 하여금 소처럼 엎드려 술을 마시게 하니 그 수가 삼천 명이나 되었다. 이에 많은 신하들은 서로 붙들고 이런 노래를 불렀다.

> 강수의 넘실거림이여! 모든 배를 다 삼키도다.
> 못된 우리 임금, 어서 박亳[은나라] 땅으로 달려가자.
> 박 땅은 역시 살 만한 곳일세.

그런가 하면 또 이런 노래도 불렀다.

> 즐겁고 즐겁도다.
> 네 필 수말 잘도 뛰네.
> 여섯 고삐 좋기도 하지.

악을 버리고 선으로 가니,
그 선이 어찌 즐겁지 않으리요!

이윤伊尹은 하늘의 명이 이미 이르렀음을 알고 술잔을 들고 걸桀을 찾아가 이렇게 말하였다.

"임금은 신하의 말을 듣지 않으니 큰 사명이 이미 그대를 떠났소이다! 망할 날이 며칠 남지 않았소!"

이 말에 걸은 화를 내면서 손을 치며 말은 못하고 이렇게 비웃었다.

"그대는 또 요망한 말을 하는구나. 나는 천하를 가지고 있다. 마치 하늘에 해가 있는 것과 같다. 해가 없어지는 것을 보았느냐? 해가 없어져야 나도 망한다."

이에 이윤은 그 곳을 떠나 버렸다. 그리고 탕湯임금에게 가자 탕은 그를 즉시 재상으로 삼았다. 가히 '저 낙원을 찾아가리. 그 곳에서 나는 살리'라고 말할 수 있다.

시詩에는 이렇게 노래하였다.

너를 두고 떠나리라.
저기 저 낙원 찾아,
낙원이여, 낙원이여.
거기 가서 나는 살리! [卷二]

피리를 불며 목동 사이에 섞여

 상용商容이 일찍이 말 기르는 자에게 의지하여 폭군 주紂를 벌하겠다고 나섰으나 뜻을 이루지 못하자 그만 물러나 태항산太行山에 은거해 버렸다. 무왕武王이 은殷나라를 이기고 천자가 되어 그를 모셔 삼공三公으로 삼으려 하자 상용은 이렇게 거절하였다.
 "나는 일찍이 말을 기르는 자에게 의지하여 주를 치고자 하였으나 실패하고 말았소. 이는 내가 어리석어서 그런 것이오. 또 더 이상 간쟁諫爭하지 않고 은거하였으니 이는 용기가 없어서 그런 것이오. 어리석고 게다가 용기도 없으니 삼공에 끼기에는 부족한 인물이외다."
 그리고는 끝까지 거절하고 명령을 받지 않았다. 군자가 이를 듣고는 이렇게 평하였다.
 "상용은 안으로 자신을 살펴 그 능력을 속이지 않았다. 군자로다! 밥만 축내는 그런 이들과는 거리가 멀다."

시詩에

> 저 훌륭한 군자들!
> 헛되이 밥 축내는 그런 이는 아닐세!

라 하였으니 상용선생 같은 이를 두고 한 말이다.[卷二]

포락지형 炮烙之刑

 폭군 주紂가 포락지형炮烙之刑[숯불 위에 기름 바른 구리 기둥을 얹어놓고 미끄러져 죽게 하는 형벌]을 만들자 왕자 비간比干이 말하였다.

 "임금이 포악한데도 간언을 하지 않는 것은 충忠이 아니며, 죽음이 두렵다고 말을 하지 않는다면 이는 용勇이 아니다. 따라서 잘못을 보면 간해야 하고 받아들여지지 않으면 죽음도 마다하지 않는 것이 충성의 지극한 길이다."

 그리고는 나아가 간언을 하며 사흘 동안 조정을 떠나지 않았다. 그러자 주는 이를 가두어 죽여버리고 말았다.

 시詩에는 이렇게 말하였다.

> 하늘이 아무리 두렵다 해도,
> 나로서는 아무런 죄진 것 없소. [卷四]

바보로 변하지 않는 현자가 없네

은나라 말기, 왕자 비간比干이 간언을 하다가 죽자 기자箕子가 이렇게 말하였다.

"들어주지 못할 줄 알면서 말하는 것은 어리석은 것이요, 제 몸을 죽이면서까지 임금의 악을 들춰내는 것은 충성이 아니다. 이 두 가지는 해서 안 될 일인데 억지로 이를 행한다면 이보다 더 큰 불상不祥은 없다."

그리고는 드디어 머리를 풀어헤치고, 거짓으로 미친 체하면서 떠나버렸다. 군자가 이를 듣고 이렇게 평하였다.

"얼마나 수고로웠겠는가, 기자여! 그 정신精神을 다하고, 그 충애忠愛를 다하다가 비간의 일을 보고 그 몸의 화를 면하였으니 인仁과 지知의 지극함이로다."

시詩에는 이렇게 말하였다.

> 사람마다 역시 이렇게 말하네.
> 바보로 변하지 않은 어진 이가 없다고. [卷六]

살기 싫어서도, 죽고 싶어서도 아니다

은殷나라 말기의 왕자 비간比干은 자기 몸을 죽이면서까지 충忠을 이루었고, 춘추시대 현인 유하혜柳下惠는 몸을 죽이면서까지 신信을 이루었으며, 백이伯夷·숙제叔齊는 몸을 죽이면서까지 염廉을 이루었다.

이 세 사람은 모두가 천하의 통사通士이다. 그러나 그들이 어찌 자신의 몸을 아끼지 않아서 그랬으리요! 이는 바로 의가 세워지지 않는 것과 이름이 드러나지 않는 것은 선비로서의 부끄러움이라고 여겼기 때문이다. 그 때문에 몸을 죽여 가면서까지 행동을 완수한 것이다. 이로 말미암아 보건대 비천함과 빈궁함은 선비의 수치가 될 수 없으며, 오직 천하에 충성을 거론할 때 선비라면서 거기에 이름이 들지 못하는 것, 천하에 믿음을 거론할 때 역시 선비라면서 거기에 이름이 오르지 못하는 것, 그리고 천하에 염직을 거론할 때 선비로서 이름이 포함되지 않는 것, 이것이 수치

일 뿐이다.

이 세 가지, 즉 충·신·염만 자신에게 갖추어져 있다면 이름이 세상에 전하여 해와 달과 함께하여 식지 않을 것이다. 그렇게 되면 하늘도 그를 죽일 수 없고, 땅도 그를 어찌지 못할 것이니 걸桀·주紂의 시대에 났다 해도 그 이름을 더럽힐 수 없을 것이다.

그러나 그들이 결코 사는 것을 싫어하고 죽는 것을 좋아하여 그런 것이 아니며, 부귀를 싫어하고 빈천을 좋아하여 그런 것은 아니다. 오직 이치대로 존귀함이 자신에게까지 미쳐 벼슬을 해야 할 때라면 이를 사양하지 않는다. 그래서 공자孔子는 이렇게 말하였다.

"부유함을 구한다고 해서 얻을 수 있는 것이라면 채찍 잡는 일이라 할지라도 나는 역시 할 것이다."

따라서 곤궁에 처해서도 안타까워하지 않으며, 수고로움과 욕됨을 당해서도 구차스럽게 굴지 않은 후라야 능히 목적한 바에 도달할 수 있는 것이다. 시詩에 이렇게 노래하였다.

내 마음 돌이 아니니
굴릴 수도 없지
내 마음 돗자리 아니니
말 수도 없지. [卷一]

태왕의 세 아들

군자는 온화하고 검소하게 하여 인仁에서 구하고, 공경함과 양보를 다해 예禮에서 구해야 한다. 그런 다음 소득이 있어도 그대로 지키며 소득이 없더라고 역시 그대로 지켜 나가야 한다. 따라서 군자의 도에 대한 태도는 마치 농부에게 있어서의 농사일처럼 비록 풍년이 들지 않으면 어쩌나 하는 근심이 있다 할지라도 천직으로 아는 것과 같다.

태太나라 왕 단보亶甫에게는 태백太伯·중옹仲雍·계력季歷이라는 세 아들이 있었으며 계력의 아들이 창昌이었다. 그런데 태백과 중옹은 아버지 단보가 창을 어질게 여겨 계력을 거쳐 그를 후사로 삼으려는 것을 알고, 나라를 떠나 오吳나라 땅으로 갔다. 단보가 죽음에 이르자 계력에게 이렇게 유언하였다.

"내가 죽거든 너는 두 형을 찾아가 양보해라. 그래도 그들이 오지 않는다면 그 때에야 안심하고 의를 다하여

네가 왕이 될 수 있다."

단보가 죽자 계력은 오나라 땅으로 가서 태백과 중옹에게 이를 알렸다. 그래서 태백과 중옹은 계력을 따라 돌아왔다. 여러 신하들은 태백에게 계력을 왕으로 세워주기를 희망하였다. 그러나 계력은 이를 사양하였다. 그러자 태백은 동생 중옹에게 물었다.

"여러 신하들이 나에게 계력을 왕으로 삼아 주기를 희망하고 있으나 계력이 이를 사양하고 있다. 내가 어떻게 처리하면 되겠는가?"

그러자 중옹은 이렇게 일러주었다.

"우리 주周나라의 규정에 이렇게 되어 있다고 말하십시오 즉 나약한 나라를 붙들어 일으켜야 할 경우에는 막내를 시킬 수도 있다고."

이리하여 계력이 드디어 왕이 되자 그는 문왕文王[昌]을 열심히 잘 길렀다. 문왕은 과연 명을 받아 훌륭한 왕이 되었던 것이다.

공자孔子는 이를 두고 이렇게 말하였다.

"태백은 혼자 알아차렸고, 왕계王季[季歷]는 홀로 알고 있었던 것이다. 태백은 아버지의 뜻을 알아차렸고 계력은 아버지의 마음을 알아차렸던 것이다. 그러므로 태왕・태백・왕계는 처음과 끝을 미리 잘 알아 그 뜻을 잘 이어받은 사람들이라 할 수 있다."

시詩에

> 태백과 왕계에서 비롯되었네.
> 오직 이분 왕계야말로,
> 그 마음 오로지 우애로 하였네.
> 형을 우애로 모셔드리고,
> 경사를 돈독히 하여,
> 영광스런 명예를 형께 드렸네.
> 이리하여 받은 복 잃지 않고서,
> 사방에 그 공로를 펼쳐 보였네.

라 하였으니 이를 두고 한 말이다. 태백이 오 땅으로 돌아가자 그곳 사람들이 그를 왕으로 삼아 오나라는 이십팔 세만인 부차夫差에 이르러 망하게 되었다.[卷十]

문왕이 병들어 눕자 천하에 지진이

주周나라 문왕文王이 왕위에 오른 지 8년째 되던 해 여름 6월, 문왕이 병이 들었다. 그리고 닷새 만에 지진이 일어났는데 그 범위가 동서남북 서울의 경계를 넘지는 않았다. 이를 보고 관리들이 모두 누구나 이렇게 말하였다.

"제가 듣기로 땅에 지진이 나는 것은 임금 때문이라고 하였습니다. 지금 임금께서 앓아누우신 지 닷새 만에 지진이 일어났고, 그 범위가 사방 교외를 넘지 않은 것으로 여러 신하들이 모두 두려움에 떨고 있습니다. 청컨대 탓을 다른 데로 떠넘기시지요."

문왕이 이 말을 듣고 물었다.

"어떻게 다른 데로 떠넘긴다는 말이요?"

그러자 그들은 이렇게 제의하였다.

"큰 공사를 벌여 민중을 동원, 나라의 성을 증축하면 가히 떠넘길 수 있습니다."

이에 문왕은 이렇게 말하였다.

"안 된다. 무릇 하늘이 요얼妖孽[요괴스러운 징조]을 보여주는 것은 죄 있는 자에게 벌을 주려는 뜻이다. 틀림없이 내가 죄를 지었기에 나에게 이런 벌을 내리는 것이다. 그런데 도리어 큰 공사를 벌여 백성을 동원해 나라의 성을 늘려 짓는다면 이는 내 죄만 더욱 키울 뿐이다. 그렇게 할 수는 없다. 나 창昌[문왕]이 행동을 고치고 거듭 좋은 일을 하여 그 곳에 떠넘기면 혹시 화를 면할 수 있을는지 모르겠다."

그리고는 예절을 잘 살펴 피혁을 선물로 하여 다른 제후들과 교류를 돈독히 하고, 법령을 잘 다듬어 훌륭한 선비들에게 폐백으로 예를 표하며, 그 작위의 등급을 바르게 하여 공 있는 자에게 토지를 상으로 내리게 하였다. 여러 신하들과 함께 그 일을 실행하자 얼마 지나지 않아 병이 나았다. 문왕은 즉위한 지 팔 년 만에 지진이 일어났지만 그로부터 43년을 더 지나 재위 51년에 죽었다. 이는 곧 문왕이 그 요얼을 실천으로 물리쳤기 때문이다.

시詩에는 이렇게 노래하였다.

> 하늘의 크신 위엄 두려워하니,
> 때때로 우리들을 지켜 주리라.　[卷三]

천자의 명령에 측근조차 거부하니

 그 끝만 보고도 근본을 통달하는 것은 성聖이다. 주紂가 임금이 되어 백성의 힘을 수고롭게 하고, 백성에게는 억울하고 가혹한 법령을 내리고, 대신들에게는 처참한 악을 시행하자 많은 아랫사람이 더 이상 임금을 믿지 않았고, 백성들은 고통과 원망을 참을 수 없었다.

 그로 인해 천하가 모두 등을 돌리고 문왕文王의 신하가 되기를 원하였으니 이는 주紂가 스스로 자초한 일이다. 무릇 그는 귀하기는 천자의 지위요, 부는 천하를 다 가졌건만 주周나라 군사가 이르자 그의 명령은 측근에게조차 먹혀들지 않았으니 안타깝도다! 그 당시에는 필부를 하나 찾으려 해도 구할 수 없었도다.

 시詩에는 이렇게 말하였다.

> 천자의 지위로 은나라의 적손이로되,
> 천하를 유지하지 못하였도다. [卷五]

상나라 무너지는 날

 주周나라 무왕武王이 폭군 주紂를 치려 군대를 이끌고 형구邢丘에 이르렀을 때에 수레 받침대가 세 동강이 나고 뒤이어 비가 사흘을 쉬지 않고 내렸다. 무왕은 두려워 강태공姜太公을 불러 물어보았다.

 "이는 필시 주를 쳐서는 안 된다는 뜻인지요?"

 "그렇지 않습니다. 수레 받침대가 부러져 세 조각이 난 것은 군대를 셋으로 나누어 공격함이 마땅하다는 뜻이요, 사흘을 쉬지 않고 비가 내리는 것은 우리의 무기를 깨끗이 씻어주고자 하는 것입니다."

 "그러면 어찌하면 좋겠습니까?"

 "그 사람이 사랑스러우면 그 집 지붕의 까마귀조차 사랑스러운 법이요, 그 사람이 미우면 그 동네의 울타리조차도 미운 법입니다. 적을 모조리 죽여 하나도 남기지 않아야 합니다."

"아하! 아직 천하를 안정시키지도 못하였는데!"

그때 주공周公[旦]이 달려 들어와 이렇게 말하였다.

"그렇지 않습니다. 백성들로 하여금 각각 자신의 집 사정을 헤아려 농토를 부칠 수 있도록 하되 새로운 백성이건 옛 백성이건 구분하지 말아야 합니다."

그러자 무왕은 이번에는 이렇게 말하였다.

"아하! 그것은 천하가 안정된 후의 일이지!"

그리고는 무기와 병력을 영甯 땅에서 다시 조련시키고, 형구 땅의 이름을 회懷로 바꾸고, 영은 수무脩武라고 고쳐 불렀으며, 마침내 폭군 주紂를 목야牧野의 들에서 쳐서 이겼다.

시詩에는 이렇게 읊었다.

> 목야의 들판 넓고 넓도다.
> 박달나무 전차는 휘황하도다.
> 배가 흰 네 필 말 씩씩도 하지.
> 군대를 이끄는 자 강태공 여상,
> 새매처럼 용맹하게 떨쳐 일어나,
> 무왕을 손발처럼 도와드리네.
> 이렇게 상나라 무너지는 날,
> 하늘도 아침부터 청명하였네! [卷三]

감당나무 자르지 마소

 옛날 주周나라의 도가 한창 성하였을 때, 문왕의 아들 소백邵伯이 등용되어 조정에서 일을 보고 있었다. 이 때 관리 하나가 따로 궁궐을 짓고 그 곳에 소백이 거할 수 있도록 해주자고 청하였다. 그러자 소백은 이렇게 거절하였다.
 "아! 내 한 몸을 위해서 백성을 수고롭게 하다니, 이는 우리 아버지 문왕文王의 뜻이 아니다."
 이에 궁궐을 떠나 밭두둑 사이까지 나가 백성들을 만나 그들의 고통을 들어주고, 그 때마다 즉시 단안을 내려 정치를 펴 나갔다. 소백이 이처럼 먼 들까지 나가 나무 아래 오두막을 짓고 살자 백성들은 크게 기뻐하였다. 그래서 농사짓고 누에치는 자들은 종전보다 배로 힘을 쏟아 부지런히 일하여 농사는 풍년이 들고 백성은 풍족함을 누렸다.

그러나 뒤를 이은 재위자在位者들은 교만하게 굴며 백성을 긍휼히 여기지 않고 부역과 세금을 가혹하게 하였다. 그러자 백성은 곤핍해졌고 농사와 양잠은 때를 잃게 되었다. 이에 시인詩人들은 소백이 쉬었던 나무를 보고 그를 찬미하며 노래를 불렀다.

시詩에

> 무성한 감당나무, 자르지 마소.
> 우리 소백 쉬시던 곳

이라 하였으니 이를 두고 이른 노래이다.[卷一]

후세에 신하가 그 임금을 죽이리라

옛날 태공망太公望[강태공]과 주공단周公旦이 같이 봉을 받으면서 만났다. 태공망이 주공에게 물었다.

"노魯나라를 어떻게 다스릴 작정입니까?"

"어진 이를 높이고 친할 이를 친하게 하겠소."

"노나라는 이로부터 약해질 것입니다."

이번에는 주공이 태공에게 물었다.

"그럼 당신이 봉을 받은 제齊나라는 어떻게 다스릴 작정입니까?"

"어진 이를 들어 쓰고 공 있는 자에게는 상을 내리지요."

"후세에 틀림없이 신하가 임금을 겁살하는 일이 생길 것입니다."

뒤에 과연 제나라는 날로 커져서 끝내 패업을 이루었지만 24세世 후에 전씨田氏가 이를 대신하였고, 노나라는 날로 쇠약해져서 34세 만에 망하고 말았다.

이로 보면 성인은 미세한 것도 능히 다 알아낸다는 것을 알 수 있다.

시詩에는 이렇게 말하였다.

오로지 성인이라야,

백 리 밖까지 보고 말하네. [卷十]

급히 말하면 포악해진다

어떤 객客이 주공周公을 찾아왔다. 주공이 문밖에서 그를 맞으며 물었다.

"무엇으로 나 단旦[주공]을 가르쳐 주시려는지요?"

그러자 그 객이 이렇게 말하였다.

"밖에 있으라 하면 밖의 말을 하고, 안으로 들어가자 하면 안의 말을 하겠습니다. 안으로 들어갈까요? 아니면 그만둘까요?"

"들어오시지요."

그 손님은 안으로 들어와서는 다시 이렇게 말하였다.

"서서 말하라면 의義를 말할 것이요, 앉아서 말하라면 인仁을 논하겠소. 앉을까요? 아니면 그만둘까요?"

"앉으시지요."

"급히 말하면 포악해질 것이요, 천천히 말하면 듣지를 못할 터인데 말을 할까요? 아니면 그만둘까요?"

"알았습니다. 알았습니다. 나 단도 이미 때가 넘었음을 압니다."

그리고는 이튿날 군대를 일으켜 난을 일으켰던 동생 관숙管叔과 채숙蔡叔을 쳐버렸다. 이처럼 그 손님은 말없는 설득을 잘 하였고, 주공은 말없는 설명을 잘 알아들었던 것이다. 주공 같은 분은 미언微言[뜻이 숨겨진 말]을 잘 알아듣는 사람이라고 말할 수 있다. 그러므로 군자는 남에게 알려 줄 때는 미세한 것으로 하고, 남의 급함을 구해 줄 때는 완곡하게 해야 하는 것이다.

시詩에는 이렇게 말하였다.

> 어찌 감히 먼 길이라 두려워하랴,
> 행여나 늦을까 걱정뿐인걸. [卷四]

성인이 계시기에 비바람조차 순조롭다

주周나라 성왕成王 때에 싹은 셋인데 한 그루로 자라는 뽕나무가 있었다. 거기에 함께 벼꽃까지 피어 크기는 수레에 가득하며 길이는 수레 상자에 찰 정도였다. 이에 성왕이 주공周公에게 물었다.

"이것이 무슨 물건입니까?"

"세 개의 싹이 한 그루로 자라 하나의 벼꽃을 피우니, 이는 생각건대 천하가 통일된다는 뜻인 것 같습니다."

이로부터 삼 년이 지난 후, 과연 월상씨越裳氏가 연달아 아홉 번의 통역을 거쳐 찾아와서는 흰 꿩을 바치면서 이렇게 말하였다.

"길이 멀고 산천은 깊어 사람을 보내도 이르지 못할까 하여 거듭된 통역을 거쳐 찾아온 것입니다."

"우리들이 어째서 그대들의 조견과 선물을 받는 것입니까?"

"저는 우리나라 나이 많은 노인들의 이런 명을 받았습니다. 즉 '오래도다! 하늘이 폭풍우를 내리지 않고, 바다에 바람이 적고 해일이 적은 지가 이미 삼 년이나 되었도다. 생각건대 중국中國에 아마 성인이 계시나 보다. 그러니 어찌 가서 조알하지 않을 수 있겠는가?'라고 말입니다. 그래서 찾아온 것입니다."

주공은 이에 그들이 찾아온 이유를 깊이 탐구하였다. 시詩에는 이렇게 말하였다.

> 오! 천년 만년 가도록,
> 끝없이 우리 님 도와 드리리. [卷五]

참된 병법이란?

　손경孫卿[荀子]과 임무군臨武君이 조趙나라 효성왕孝成王 앞에서 병법에 대해 토론을 벌이게 되었다. 왕이 먼저 물었다.
　"감히 묻건대 병법의 요체가 무엇입니까?"
　이에 임무군은 이렇게 대답하였다.
　"무릇 병법의 요체는 위로는 천시天時를 얻고 아래로는 지리地利를 얻어 뒤에 떠나도 먼저 이르는 것, 이것이 병법의 요체입니다."
　그러자 손경이 나섰다.
　"그렇지 않습니다. 병법의 요체란 병사와 백성을 어떻게 친히 여겨 따라올 수 있도록 하는가에 달려 있습니다. 여섯 필 말이 서로 화합을 이루지 못하면 비록 조보趙父 같은 이가 있다 할지라도 멀리 몰고 갈 수 없고, 활과 화살이 조화를 이루지 못한다면 활쏘기의 명수 후예后羿 같은 이가 있다 할지라도 미세한 과녁을 맞출 수 없습니다. 마찬가지로 군사와 백성을 따르게 하지 못한다면 탕湯이나 무武 같은 성인이 있다 할지라도 전쟁에서 승리를 거둘 수 없습니다. 이로 말미암아 보건대 요체는 바로 어떻게 군사와 백성을 따라올 수 있게 하느냐에 달려 있을 따름입니다."

임무군이 다시 반박하고 나섰다.

"그렇지 않습니다. 무력의 사용은 변고가 있을 때에 쓰는 것입니다. 그 때 귀히 여기는 것은 모책과 속임수입니다. 무력을 잘 사용하는 자는 뛰는 토끼처럼 그 방향을 알 수 없게 해야 합니다. 손자孫子와 오자吳子가 이렇게 하여 천하에 적이 없었습니다. 이로써 보자면 어찌 선비나 백성이 친해 오기를 기다린 다음에야 이것이 가능하겠습니까?"

손경이 다시 나섰다.

"그렇지 않습니다. 그런 것은 제후의 병법이요, 모신謀臣의 일에 불과합니다. 내가 말하는 것은 인인仁人의 병법이요, 성왕聖王의 일입니다. 그처럼 속임수로 대처하려 한다면 틀림없이 태만하게 굴 것입니다. 군신 상하 사이에 갑작스럽게 그 덕이 갈라질 수 있습니다. 천하의 대도적 도척盜跖이 걸桀을 속인다 해도 오히려 그 나름대로 공교함과 졸렬함이 다를 것입니다. 그러나 걸이 요堯를 속이려 든다면 이는 마치 손가락을 끓는 물에 넣고 휘젓는 것과 같고,

달걀로 바위를 치는 것과 같으며, 깃과 털을 껴안고 불길 속으로 달려드는 것과 같아 근처에 다가가기만 해도 타 없어질 것인데 어느 겨를에 그를 속일 수 있겠습니까? 게다가 그런 포악한 나라에 장차 누가 참여하여 싸워주려 하겠습니까? 그런 나라에 참여하는 자는 틀림없이 속임을 당한 백성들일 것입니다. 그러나 백성들이 우리 편이 되고 싶어 하기를 마치 난초 향기를 쫓아오듯 하며, 부모를 환영하듯 하고, 저쪽 자신들의 지도자를 보기는 독을 지닌 벌이나 가뢰를 보듯 하는 사람들이라면 비록 걸이나 도척 같은 이라 할지라도 어찌 그 지극히 악한 바를 위해 일하기를 수긍하겠으며, 자기의 지극히 사랑하는 자에게 적해賊害하는 짓을 하겠습니까? 이는 마치 사람의 아들이나 손자로 하여금 그 부모를 적해하라는 것과 같을 것입니다. 그는 먼저 자신이 잘못된 일을 하고 있다는 것을 깨달을 텐데 어느 겨를에 그를 속일 수 있겠습니까? 또, 어진 이가 거느리는 병사들은 모이면 무리를 이루고 흩어지면 줄을 서며, 이어놓으면 마치 막야莫邪의 긴 칼날처럼 어린아이가 이를 부린다 해도 상대를 잘라 버릴 수 있으며, 뾰죽하게 배치하면 마치 막야의 예리한 칼끝 같아 닿기만 해도 궤멸하고 말 것입니다. 그런가 하면 둥글게 배치하면 마치 언덕이나 산과 같아 이를 옮길 수도 없을 것이며, 네모지게 배치하면 반석과 같아서 이를 뽑아버릴 수도 없게 됩니다. 적과 싸움이 붙었다 하면 상대의 부절符節을 꺾고 모두 물리쳐 버릴 텐데 어느 겨를에 그들을 속일 수 있겠습니까?

시詩에

> 님께서 깃발을 나부끼시며,
> 손에는 도끼를 번쩍 드시니
> 모습 훨훨 타는 불꽃 같도다.
> 누가 감히 그를 막을 수 있으랴!

라 하였으니, 이는 탕湯 무武의 병법을 말한 것입니다."

이에 효성왕은 고개를 들어 이렇게 말하였다.

"과인이 비록 민첩하지는 못하나 청컨대 선생의 병법에 의탁하겠습니다."[卷三]

악창을 앓는 자가 임금을 더 불쌍히 여긴다

어떤 객客이 초楚나라 춘신군春申君에게 이렇게 유세하였다.

"탕湯임금은 칠십 리의 땅, 문왕文王은 백 리의 땅밖에 없었으나 모두가 천하를 겸병하고 해내海內를 통일하였습니다. 지금 손자孫子[荀子]라는 사람은 천하의 현인입니다. 그대는 그처럼 능력 있는 자에게 백 리나 되는 땅을 다스리도록 해놓고 계시니 제 생각으로는 이는 그대에게 이롭지 못할 것이라고 여깁니다. 어떻게 생각하십니까?"

"맞는 말이요."

그리고는 사람을 시켜 손자에게 사직하도록 알렸다. 손자가 그 곳 초楚나라를 떠나 조趙나라로 가자 조나라에서는 그를 상경上卿으로 삼아 우대하였다. 그 때 그 객이 다시 춘신군을 찾아와 이렇게 말하였다.

"옛날 이윤伊尹이 하夏나라를 버리고 은殷나라 탕湯임금

에게로 들어가자 은나라는 왕업을 이루었고, 하나라는 망하였습니다. 또, 관중管仲이 노魯나라를 떠나 제齊나라로 가버리자 노나라는 약해졌고 제나라는 강해졌습니다. 이로 말미암아 보건대 어진 자가 그 어느 나라에 있느냐에 따라 그 나라 임금이 훌륭해지지 않은 경우가 없었고, 그 나라가 평안을 얻지 않은 경우가 없었습니다. 지금 손자는 천하의 현인입니다. 어찌 그를 내쫓게 하여 다시 이 초나라에서 받아들일 공작을 꾸미지 않습니까?"

"맞는 말이요."

그러고는 사람을 보내 손자를 청해 오도록 하였다. 손자는 이에 거짓으로 기뻐하면서 사양하였다.

"비루한 속담에 '악창난 사람은 자신보다 임금을 더 불쌍하다고 여긴다[癘憐王]'고 하였는데, 이는 불공스러운 말로서 비록 잘 헤아려 보지 않을 수 없는 말이기는 하나 악창 정도는 겁살劫殺이나 사망死亡 당하는 군주에 비할 바가 아니라는 뜻입니다. 무릇 임금이 나이는 어리면서 방자하기만 하고, 간사한 자를 가려낼 수 있는 법술도 갖지 못하면 대신들은 대신들대로 오로지 사사로이 전횡과 독단을 부리면서 자기와 다른 자를 금하거나 죽여 없애게 되는 것입니다.

그러므로 훌륭한 어른을 없애 버리고 젊고 약한 이를 세우며 정직한 사람을 폐하고 불선不善한 자를 등용하게 됩니다. 따라서 춘추春秋에 기록된 것을 보면 초楚나라 왕자 위圍가 정鄭나라에 초빙되어 가는 길에 아직 국경을 넘지 않았을 때, 왕이 병이 났다는 소식을 듣고 되돌아와서는 증세를 물어보는 척하면서 갓끈으로 왕을 목졸라 죽이고 자립하여 마침내 왕이 된 사건이 있습니다.

또 제齊나라 최저崔杼의 아내가 예쁘게 생겨 장공莊公이 이를 사통하였지요. 최저가 자신의 무리를 이끌고 장공을 공격하자, 장공은 나라를 나누어주겠다고 빌었지만 최저는 허락하지 않았고, 스스로 사당에 가서 자살하겠다는 것조차도 최저는 역시 허락하지 않았습니다. 이에 장공이 담을 넘어 도망가자 허벅지를 쏘아 드디어 장공을 죽이고, 그 아우를 세웠으니 이가 곧 경공景公입니다. 그런가 하면 근세의 일로는 이태李兌가 조趙나라의 권력을 잡고 주부主父를 사구沙丘에서 백일 동안 굶겨서 죽인 일이 있고, 요치淖齒가 제齊나라에 들어와 민왕閔王의 힘줄을 뽑아 사당의 대들보에 매달아 하룻밤이 지난 다음 죽인 일도 있습니다.

무릇 창병瘍病이란 옹종가자癰腫痂疵의 처참한 병이지만 먼 옛날에 비교해 보면 목이 졸리고 허벅지에 화살을 맞는 것에는 미치지 못하고, 가까이 근세에 비교해도 힘줄이 뽑히거나 굶어 죽는 처참함에는 미치지 못합니다.

이처럼 겁살이나 사망을 당하는 군주는 마음의 걱정이나 육체의 고통이 틀림없이 창병보다 심할 것입니다. 이로

미루어 보건대 창병에 걸린 자가 비록 자신이 고통스러우나 그보다 왕을 더욱 불쌍히 여긴다는 말은 그럴 만한 이유가 있습니다."

그리고 이를 바탕으로 부賦를 지었다.

> 좋은 옥과 구슬이 있어도 이를 찰 줄 모르고,
> 잡포와 비단을 놓고 어떻게 다른 줄을 모르네.
> 여취, 자도 같은 미인 남녀에게 중매 설 줄 모르고,
> 모모, 역보를 보고 좋은 줄로 잘못 아네.
> 장님을 눈 밝은 자로 착각하고,
> 귀머거리를 총명한 줄 잘못 알고 있네.
> 옳은 것을 그르다 하고,
> 길한 것을 흉이라 하네.
> 오호라. 하늘이여!
> 내 어찌 그들과 함께 하리요!

시詩에는 이렇게 말하였다.

> 하늘이 온통 심상찮은 때,
> 내 스스로 올가미를 쓰기는 싫소! [卷四]

새로이 목욕한 자

 군자가 그 몸을 깨끗이 하면 이에 동조하는 자가 함께 하게 된다. 또 그 소리가 좋은 자는 같은 무리들이 이에 응하게 되는 것이다. 말이 울면 말이 응하고 소가 울면 소가 응하는 것이니, 이는 그들이 지혜로워 그런 것이 아니라 그 형세가 그렇기 때문이다.

 때문에 머리를 막 감고 난 자는 모자를 털고 쓰는 법이요, 방금 몸을 씻은 자는 옷을 털고 입는 법이다. 이는 자신의 깨끗함을 남으로 인해 다시 더럽히지 않으려 함이다.

 시詩에는 이렇게 노래하였다.

> 내 마음 거울이 아니니,
> 더러움까지 비추어줄 수는 없네! [卷一]

해 제

≪한시외전韓詩外傳≫에 대하여

'시詩[詩經]'는 흔히 삼가시三家詩와 모시毛詩로 나뉜다. 삼가시란 ≪제시齊詩≫, ≪한시韓詩≫, ≪노시魯詩≫를 말하여, 이 가운데 오늘날 ≪한시≫의 ≪외전≫, 즉 ≪한시외전≫만이 전할 뿐, 나머지는 실전되고 말았다. 그리고 ≪모시≫는 우리가 알고 있는 ≪시경≫이다. ≪제시≫는 제齊나라 원고생轅固生이 전한 것이며, ≪노시≫는 노魯나라 신배공申培公이 전한 것이다. 그리고 ≪한시≫는 연燕나라 한영韓嬰이라는 사람이 전한 것이다. 그러나 ≪제시≫는 위魏나라 때 없어졌고, ≪노시≫는 진晉나라 때 없어졌으며, ≪한시≫는 북송 때 없어지고 말았다. 그런데 ≪한시≫는 원래 36권과 따로 ≪내전≫ 4권, ≪외전≫ 6권이 있었다고 한다. 그 가운데 36권은 이미 일찍이 사라졌고, 수당隋唐

이후에는 내외전을 합하여 10권으로 한 것이 지금 전하는 ≪한시외전≫이라 한다. 따라서 ≪한시≫는 이처럼 한漢나라 때 연燕[지금의 北京] 지역에서 한영이란 학자가 가르치고 연구하던 시, 즉 ≪시경≫이란 뜻이고, '외전'은 본전에 상대되는 말로 오늘날 개념으로 참고서, 해설서쯤이 된다. 한나라 때는 오경[易·詩·書·禮·春秋]이 국학[學官]의 기본 과목이었으며, 오경박사를 두어 국가사업으로 이를 전수하고 교학敎學하였다. 그러다가 '경經'을 다시 풀이한 '전傳'이라는 이름의 교재가 출현하였다. 예를 들면 ≪춘추경春秋經≫이 ≪춘추좌씨전春秋左氏傳≫, ≪춘추공양전春秋公羊傳≫, ≪춘추곡량전春秋穀梁傳≫, 그리고 ≪시경詩經≫의 ≪한시≫에 대하여 이 책처럼 ≪한시외전≫ 하는 식이다. 이렇게 오경 다음 단계의 해설서인 전도 중요한 교육과정이 되자 14박사제도까지 늘어났으며 이들 중 중요한 유가의 경전이 송대에 이르러 소위 '13경'이라는 편목으로 자리 잡게 된 것이다.

한편 ≪한시외전≫은 ≪한서漢書≫ 예문지藝文志에 "≪한시내전≫ 4권, ≪한시외전≫ 6권"이라 저록되어 있다. 그러나 ≪내전≫은 송나라 때 이미 없어졌고, ≪외전≫은 ≪수서隋書≫ 경적지經籍志, ≪당서唐書≫ 예문지藝文志에 모두 10권으로 저록되어 있어 오늘날 전하는 10권과 같다. 이에 일부 학자는 이 10권은 한시 ≪내전≫과 ≪외전≫이 합친 것이 아닌가 여기기도 한다.

이 ≪한시외전≫의 내용은 ≪한지漢志≫에 "춘추에서 취하기도 하고, 여러 이야기를 여러 곳에서 채록한 것으로 모두가 그 본의는 아니다(或取春秋, 雜采衆說, 咸非其本義)"라 하였고, ≪사고전서총목제요四庫全書總目提要≫에는 왕세정王世貞의 말을 빌려 "외전은 시를 인용하여 일[事]을 증명한 것이며, 일을 인용하여 시를 증명한 것은 아니다. 그 설은 지극히 명확하다(外傳, 引詩以證事, 非引事以明詩, 其說至確)"라고 하였다.

지금의 ≪외전≫은 10권 320장(판본과 학자에 따라 310장으로 나누기도 함)으로 되어 있으며, 춘추의 역사고사는 물론 기타 민간잡설, 제자백가에 실린 고사 등을 폭넓게 인용하여 이를 제시하고 그 끝에 ≪시경≫의 한둘, 혹은 서너 구절을 들어 그 뜻을 인증하는 체제로 되어 있다. 모두가 유가의 경세치학經世治學, 애민화육愛民化育, 인의도덕仁義道德, 처세비유處世譬喩 등 교훈적인 일화로 가득 차 있다. 이는 세상의 사건을 들어 ≪시경≫의 구절을 설명한 것으로 한대에 흥하였던 고사 수집기풍, 예를 들자면 ≪설원說苑≫, ≪신서

新序》, ≪열녀전列女傳》, ≪안자춘추晏子春秋》 등과는 그 편집 목적이 뚜렷이 달랐음을 보여주는 독특한 형식이다. 한나라 때의 많은 저술, 편찬, 찬집의 큰 흐름은 "나는 너를 베끼고, 너는 나를 베끼는(我抄你, 你抄我)" 이른바 '초사찬집 抄寫撰集'이 당연한 환경이었다. 그 때문에 이 ≪한시외전≫ 의 많은 내용도 ≪설원≫, ≪신서≫, ≪안자춘추≫, ≪열녀 전≫, ≪전국책戰國策≫, ≪좌전左傳≫, ≪순자荀子≫, ≪국어 國語≫, ≪춘추번로春秋繁露≫, ≪대대례기大戴禮記≫, ≪상서 대전尙書大傳≫, ≪가의신서賈誼新書≫, ≪회남자淮南子≫, ≪여씨춘추呂氏春秋≫, ≪한비자韓非子≫, ≪논형論衡≫, ≪열자≫, ≪노자≫, ≪장자≫, ≪맹자≫, ≪공자가어孔子 家語≫ 등 제자백가의 여러 책에도 당연히 중복되게 실려 있다. 따라서 어떠한 한 고사나 성어의 원 출전을 확정짓는 일은 사실 어려운 면도 없지 않다.

한영에 대하여

한영韓嬰은 생몰 연대를 정확히 알 수 없으며, 서한西漢 초기의 인물로 보고 있다. 한영은 금문경학자今文經學者로 서 ≪시≫와 ≪역≫에 밝았다. 연燕 지역 사람으로 ≪한서 漢書≫ 유림전儒林傳에 의하면 "효문제孝文帝(劉恒 : B. C. 179

년~B. C. 157년 재위) 때 박사博士가 되었으며 경제景帝(劉啓: B. C. 156년~B. C. 141년 재위) 때 상산태부常山太傅에 올랐다. 그리고 그는 시인(여기서는 ≪시경≫)의 뜻을 추론하여 ≪내외전內外傳≫ 수만 언을 지었고, 그 언어는 제노齊魯[山東지역]와 자못 달랐으나 그 귀결은 하나"라고 하였다. 연조燕趙 일대에 ≪시경≫을 풀이하는 자로서 널리 알려졌으며, ≪역≫에 더욱 밝았으나 오히려 ≪시≫에 대한 평가 때문에 ≪역≫에 대한 명성이 줄어들기도 하였다. 그의 손자인 한상韓商이 박사가 되어 그의 ≪역≫을 이어갔다고도 하였다. 무제武帝(劉徹 : B. C. 140년~B. C. 87년 재위) 때에는 동중서董仲舒(B. C. 179~B. C. 104)와 경학에 대한 논변을 벌였는데 한영이 워낙 정한精悍하고 처사가 분명하여 동중서도 손을 들고 말았다고도 한다. 한편 한영의 ≪시≫는 하남의 조자趙子에게 전수되었고 조씨는 다시 이를 채의蔡誼에게, 채의는 다시 식자공食子公과 왕길王吉에게 전수하였다. 그리고 그 중 왕길은 치천淄川의 장손순長孫順에게, 식자공은 태산泰山의 율풍栗豐에게 전수하였다.

이에 ≪한시≫는 왕길, 식자공, 장손순 등의 학문으로 분화되었다. 식자공과 장손순은 박사가 되었으며 그들의 제자들도 대관大官에 오르는 영광을 누렸다. 한영의 ≪한시내전韓詩內傳≫은 이미 사라졌고, ≪한시외전≫[≪시외전詩外傳≫이라고도 함]만 오늘날까지 전하고 있다.